FICHA CATALOGRÁFICA

(Preparada na Editora)

Baduy Filho, Antônio, 1943-

B129v   Vivendo o Evangelho - vol. II / Antônio Baduy Filho,
Espírito André Luiz. Araras, SP, 1ª edição, 2010.

304 p.:

ISBN 978-85-7341-487-5

1. Espiritismo. 2. Psicografia - Mensagens

I. André Luiz. II. Título.

CDD -133.9
-133.91

Índices para catálogo sistemático:

1. Espiritismo 133.9
2. Psicografia: Mensagens: Espiritismo 133.91

VIVENDO O EVANGELHO

VOL. II

ISBN 978-85-7341-487-5

1ª edição - outubro/2010

6ª reimpressão - outubro/2023

Copyright © 2010,
Instituto de Difusão Espírita - IDE

Conselho Editorial:
Doralice Scanavini Volk
Wilson Frungilo Júnior

Produção e Coordenação:
Jairo Lorenzeti

Capa:
César França de Oliveira

Diagramação:
Maria Isabel Estéfano Rissi

Parceiro de distribuição:
Instituto Beneficente Boa Nova
Fone: (17) 3531-4444
www.boanova.net
boanova@boanova.net

Impressão:
PlenaPrint

INSTITUTO DE DIFUSÃO ESPÍRITA - IDE

Rua Emílio Ferreira, 177 - Centro
CEP 13600-092 - Araras/SP - Brasil
Fones (19) 3543-2400 e 3541-5215
CNPJ 44.220.101/0001-43
Inscrição Estadual 182.010.405.118

www.ideeditora.com.br
editorial@ideeditora.com.br

Todos os direitos reservados. Nenhuma parte desta publicação pode ser reproduzida, armazenada ou transmitida, total ou parcialmente, por quaisquer métodos ou processos, sem autorização do detentor do copyright.

Vivendo o Evangelho
Vol. II

Comentários a "O Evangelho Segundo o Espiritismo"

Psicografia de
Antônio Baduy Filho
Espírito
André Luiz

ide

ÍNDICE - Vol. II

CAPÍTULO XV
Fora da caridade não há salvação

187 - Perante a Lei Divina 18
188 - O mais próximo 19
189 - Tenta 20
190 - Perseverança 22
191 - Não descreia 24
192 - Ainda falta 25
193 - Remédio falso 26
194 - É hora 27

CAPÍTULO XVI
Não se pode servir a Deus e a Mamon

195 - Ricos 30
196 - Sensatez 31
197 - Hora de mudar 32
198 - Riqueza solidária 34
199 - Talentos divinos 35
200 - Sem amor 36
201 - Desigualdade 37
202 - Bagagem certa 38
203 - O que vale 39
204 - Uso da riqueza 41
205 - É incapaz 42
206 - Riqueza responsável 43
207 - Não sobra 45
208 - Direito e obrigação 46
209 - Previdência Divina 48
210 - Vencedor e vencido 49

211 - Pródigos 51
212 - Aprendizado 52
213 - Erro 54
214 - Desprendimento 55
215 - Herança imperecível 57

CAPÍTULO XVII
Sede perfeitos

216 - Receita difícil 60
217 - Simplesmente 61
218 - É difícil 62
219 - Gratidão a Kardec 63
220 - Tuas sementes 64
221 - Deveres do coração 65
222 - Manequins de virtudes 66
223 - Autoridade e obediência 67
224 - Não imagine 69
225 - Corpo e Espírito 70

CAPÍTULO XVIII
Muitos os chamados e poucos os escolhidos

226 - Chamados e escolhidos 74
227 - A porta e a chave 75
228 - Porta estreita 76
229 - Nem sempre 77
230 - Tente de novo 79
231 - Outra coisa 80
232 - Para compreender 81
233 - Ter e não ter 82
234 - Conteúdo 83

CAPÍTULO XIX
A fé transporta montanhas

235 - Acredita sempre 86
236 - Autoconfiança 87
237 - Vencedores 88
238 - Fé religiosa 90
239 - Pergunta e resposta 91
240 - Prece e fé 92
241 - Tudo isso 93
242 - Realmente 94

243 - Caminho do Bem 95
244 - Fé em Deus 97

CAPÍTULO XX
Os trabalhadores da última hora

245 - Primeiros e últimos 100
246 - Agora ou depois 101
247 - Últimos e primeiros 103
248 - Não adianta 104
249 - Missão espírita 105
250 - Missão intransferível 106
251 - Proposta espírita 108
252 - Perguntas incômodas 109
253 - Companheiros difíceis 110
254 - Não interessa 111

CAPÍTULO XXI
Haverá falsos Cristos e falsos profetas

255 - A árvore e o fruto 114
256 - Trote 115
257 - Falsos profetas 116
258 - Influência espiritual 117
259 - Mensageiro de Deus 118
260 - Impostores de hoje 120
261 - Porta-voz 121
262 - Falsos espíritas 123
263 - Fontes luminosas 124

CAPÍTULO XXII
Não separeis o que Deus juntou

264 - Casamento 128
265 - Uniões conflitivas 129
266 - Casamento difícil 131
267 - Casamento e sexo 133
268 - Rejeição 134
269 - Casamento responsável 135
270 - Divórcio 137
271 - Primeiro 138
272 - Separação inevitável 140
273 - Cirurgia radical 141
274 - Resposta 142
275 - Segue teu caminho 144

CAPÍTULO XXIII
Moral estranha

276 - Oportunismo 148
277 - Amor e apego 149
278 - Coisas mortas 151
279 - Guerra útil 152
280 - Intolerância religiosa 154
281 - A maior agressão 155
282 - Luta íntima 156

CAPÍTULO XXIV
Não coloqueis a candeia sob o alqueire

283 - Consciência espírita 160
284 - Qualidade da luz 161
285 - Não se esconda 162
286 - Da mesma forma 163
287 - Candeia 164
288 - Propaganda eficiente 165
289 - Médium 167
290 - Fé e fanatismo 169
291 - Servidor do Cristo 170
292 - Tua cruz 172

CAPÍTULO XXV
Buscai e achareis

293 - Buscai e achareis 176
294 - Encontro com Deus 177
295 - Objetivo 178
296 - Pedido e resposta 179
297 - Perante Jesus 180
298 - Por conta de Deus 182
299 - Outro ano 183
300 - Roteiro seguro 185

CAPÍTULO XXVI
Dai gratuitamente o que recebestes gratuitamente

301 - Cobranças indevidas 188
302 - Não compra 189
303 - Caridade ou negócio 190
304 - Certamente 191
305 - Mandato mediúnico 192

CAPÍTULO XXVII
Pedi e obtereis

306 - Ponte de luz 196
307 - Pedir e fazer 197
308 - Longe 198
309 - Suas mãos 199
310 - Pedidos impossíveis 201
311 - Pedidos inconvenientes 202
312 - Transmissão 203
313 - É você 205
314 - Deus responde 206
315 - Deus atende 207
316 - Ninguém 209
317 - Troca 210
318 - Prece 211
319 - Com o coração 213
320 - Não custa 214
321 - Ligação para o Alto 215
322 - Ora por eles 217
323 - Vigilância 218
324 - Mensageiro 220
325 - Só precisa 221
326 - Esforço próprio 222
327 - Recurso divino 224

CAPÍTULO XXVIII
Coletânea de preces espíritas

328 - Preste atenção 228
329 - Oração dominical 229
330 - Pai Nosso 231
331 - Reino divino 232
332 - Vontade divina 233
333 - Bem comum 235
334 - Ao menos 236
335 - Pão de cada dia 238
336 - Pão espiritual 239
337 - Medida justa 241
338 - Dívida e perdão 242
339 - Ofensa e perdão 244
340 - Ofensas a alguém 245
341 - Ofensas gratuitas 247
342 - Tentação 248
343 - Não interfira 249

344 - Deus sabe 251
345 - Reunião espírita 252
346 - Instrumento mediúnico 253
347 - Sintonia mediúnica 255
348 - Proteção espiritual 256
349 - Você existe 257
350 - Não resolve 259
351 - Defeitos morais 260
352 - Sombra e luz 261
353 - Orientação espiritual 263
354 - Sinal trocado 264
355 - Sinal certo 265
356 - Sua vez 267
357 - Perigos internos 268
358 - O que resolve 269
359 - É melhor 271
360 - O que varia 273
361 - Reações inimigas 274
362 - Inimigos de dentro 275
363 - Inimigos do Espiritismo 277
364 - Religião Espírita 278
365 - Espíritas indiferentes 280
366 - Renascimento 282
367 - Ano Velho 283
368 - É sentimento 285
369 - Confia 287
370 - Quem são 289
371 - Inimigo gratuito 291
372 - Suicídio 292
373 - Dê um jeito 294
374 - Seu problema 296
375 - Obsessões íntimas 297
376 - Obsessões consentidas 299
377 - Prisão mental 300
378 - Obsessão silenciosa 301

CAPÍTULOS DO Vol. I

APRESENTAÇÃO

PRÓLOGO

Solução Divina

PREFÁCIO

1 - Consolador prometido

INTRODUÇÃO

2 - Evangelho redivivo
3 - Revelação espiritual
4 - Consultas espirituais

5 - Adversário íntimo
6 - É diferente

CAPÍTULO I
Eu não vim destruir a lei

7 - Não basta
8 - Jesus te convida
9 - Testemunho espírita
10 - Louvor a Kardec
11 - Convite
12 - Kardec e Jesus

13 - Ciência e religião
14 - Fé e conhecimento
15 - Acredite
16 - Lealdade a Kardec
17 - Também podes

CAPÍTULO II
Meu reino não é deste mundo

18 - Não se esqueça
19 - O Reino
20 - Vitória
21 - Ponto de vista

22 - É confusão
23 - Novo ano
24 - O Espiritismo explica
25 - Passaporte

CAPÍTULO III

Há muitas moradas na casa de meu Pai

26 - Morada interior
27 - A solução
28 - Deus e a Terra
29 - Morada terrestre
30 - Mundo feliz

31 - Uns e outros
32 - Não convém
33 - Estágios evolutivos
34 - Recaída
35 - Mudança

CAPÍTULO IV

Ninguém pode ver o reino de Deus se não nascer de novo

36 - Nascer de novo
37 - É a reencarnação
38 - Inimigos de volta
39 - É importante
40 - É arrogância

41 - Dívidas
42 - Sem ressentimento
43 - Comodismo
44 - Sem limites
45 - Questão de escolha

CAPÍTULO V

Bem-aventurados os aflitos

46 - Causa e efeito
47 - Ainda é tempo
48 - Enquanto é tempo
49 - Consequências
50 - Tome nota
51 - Recomeço
52 - Provas e expiações
53 - Não digas
54 - Refém do passado
55 - Transgressão e regressão
56 - Acerto de contas
57 - A maior aflição
58 - Recurso eficiente
59 - Suicídio moral
60 - Vitória maior
61 - O mal e o remédio

62 - Contrastes
63 - É a porta
64 - Aceitação
65 - Não duvide
66 - O maior sofrimento
67 - Aflições inúteis
68 - Infelicidade maior
69 - Depressão
70 - Com desconto
71 - Sacrifício inútil
72 - Ajude
73 - Luz no caminho
74 - Travessia
75 - Campo de batalha
76 - Perigo
77 - Resignação

CAPÍTULO VI

O Cristo consolador

78 - Confia em Jesus
79 - Lembrando Jesus

80 - Consolação
81 - Jesus e Kardec

82 - Tira-dúvidas
83 - Calvário libertador
84 - Rico de amor

85 - Receita espírita
86 - O que interessa

CAPÍTULO VII

Bem-aventurados os pobres de espírito

87 - Humildade
88 - Gota de humildade
89 - Certeza
90 - É bom lembrar
91 - Fé e orgulho

92 - Exercícios de humildade
93 - Não é fácil
94 - Respeito a Kardec
95 - Sinais de arrogância
96 - Sinal de inteligência

CAPÍTULO VIII

Bem-aventurados aqueles que têm puro o coração

97 - Comece agora
98 - Filho de Deus
99 - Ideia do Bem
100 - Por fora
101 - Atitude íntima

102 - Ramos perturbadores
103 - Jesus te chama
104 - Compromisso espírita
105 - A pior cegueira
106 - Passado no presente

CAPÍTULO IX

Bem-aventurados aqueles que são brandos e pacíficos

107 - Melhor escolha
108 - Esforço
109 - Um dia
110 - Afabilidade

111 - Ano novo
112 - Inconformação
113 - Depende de você
114 - Renovação interior

CAPÍTULO X

Bem-aventurados aqueles que são misericordiosos

115 - Perdoe
116 - É perdão
117 - Adversário errado
118 - Apesar dos defeitos
119 - Crítica e julgamento
120 - Perdão de cada dia
121 - Proteção

122 - Não confunda
123 - Em casa
124 - Mais fácil
125 - Pode, sim
126 - O que convém
127 - É preciso

CAPÍTULO XI

Amar o próximo como a si mesmo

128 - Não é impossível
129 - Tua luz

130 - César e Deus
131 - Amor de verdade

132 - O Bem é simples
133 - Ponte sublime
134 - Sinal de amor
135 - Alguém

136 - Egoísmo em família
137 - Não é só
138 - É o começo
139 - Na dúvida

CAPÍTULO XII
Amai os vossos inimigos

140 - Inimigo
141 - Inimigos íntimos
142 - Inimigos de ontem
143 - Diante do inimigo
144 - Inimigos invisíveis
145 - Proposta de paz
146 - Vingança disfarçada

147 - Vale a pena
148 - Duelo íntimo
149 - Duelo atual
150 - Duelo da virtude
151 - Duelo doméstico
152 - Duelo conjugal
153 - Duelo social

CAPÍTULO XIII
Que a vossa mão esquerda não saiba
o que dá a vossa mão direita

154 - Caridade sem orgulho
155 - Auxílio fraterno
156 - Infortúnios domésticos
157 - Óbolo da viúva
158 - É certo
159 - Há diferença
160 - É de graça
161 - Jesus te espera
162 - Caridade autêntica
163 - Fator de equilíbrio

164 - Teu encontro
165 - Caridade esquecida
166 - Está certo
167 - Chegue antes
168 - Compaixão
169 - Desastre
170 - Órfãos
171 - O mais ingrato
172 - Deus permite
173 - Vítimas da invigilância

CAPÍTULO XIV
Honrai a vosso pai e a vossa mãe

174 - Mães
175 - Pais
176 - Hoje e amanhã
177 - Pais e filhos
178 - Apego obsessivo
179 - Ao encontro de Deus
180 - Criaturas de Deus

181 - Mais interessante
182 - Começar de novo
183 - Mãe incompreendida
184 - Repetência
185 - Nem tudo
186 - Não rejeites

Capítulo XV

Fora da caridade não há salvação

187 - *Perante a Lei Divina*

Cap. XV – 1 e 3

Você tem recursos. E o que faz pelos outros?

❧

Tem cultura.
E ensina os ignorantes?

Tem fortuna.
E auxilia os miseráveis?

Tem roupa.
E veste os maltrapilhos?

Tem mesa farta.
E favorece os pedintes?

Tem saúde.
E socorre os enfermos?

Tem privilégios.
E ajuda os deserdados?

Tem poder.
E pensa nos desvalidos?

Tem família.
E protege os órfãos?

Tem amigos.
E visita os solitários?

Tem alegria.
E ampara os tristes?

Tem equilíbrio.
E orienta os incautos?

Tem fé.
E atende os descrentes?

Tem esperança.
E conforta os aflitos?

❧

Diante do mundo, conquistando glórias e vantagens, você é aplaudido como vencedor. Entretanto, insulado no egoísmo e distante da caridade para com o próximo, perante a Lei Divina é apenas um vencido.

188 - *O mais próximo*

Cap. XV – 2 e 3

Beneficie o desnutrido, mas não descure do próprio fogão.

Vista a criança carente, mas providencie o agasalho dos filhos.

Ajude o doente sem recursos, mas cuide da saúde dos seus.

Vivendo o Evangelho ❧ 19

Atenda aos irmãos desamparados, mas não se esqueça dos parentes.

Participe do grupo de assistência, mas atente no convívio com a família.

Realize campanhas de beneficência, mas não olvide a própria despensa.

Costure para os necessitados, mas organize a roupa dos familiares.

Visite o companheiro solitário, mas não se afaste da parentela.

Desculpe o colega de trabalho, mas faça o mesmo no ambiente doméstico.

Seja cortês na rua, mas lembre-se também da gentileza no lar.

❧

Ame o próximo como a si mesmo e faça todo o bem que puder, mas tenha em mente que a caridade começa em casa.

189 - *Tenta*

Cap. XV – 2 e 3

A caridade é sempre solução, quando alguém te incomoda.

❧

Ofensa?
Tenta esquecer.

Desprezo?
Tenta a bondade.

Agressão?
Tenta tolerar.

Provocação?
Tenta a humildade.

Mágoa?
Tenta perdoar.

Intriga?
Tenta o silêncio.

Ironia?
Tenta entender.

Conflito?
Tenta a amizade.

Insulto?
Tenta pacificar.

Ódio?
Tenta o amor.

~

Dizes que é difícil ter caridade com aqueles que te magoam. Contudo, se já conheces o Evangelho, não custa tentar.

Vivendo o Evangelho ~ 21

190 - *Perseverança*

Cap. XV – 3

Há muito vens dedicando tuas horas às tarefas de auxílio ao próximo.

❧

Frequentas a cozinha do grupo de assistência, adicionando à sopa fraterna os ingredientes de tua bondade.

Costuras a peça de roupa, alivanhando-a com a marca de teu carinho.

Preparas o enxoval ao recém-nascido, impregnando-o com as vibrações de tua ternura.

Visitas o casebre infeliz e distribuis o agasalho providencial, enriquecendo-o com o calor de tua compaixão, para aquecer os irmãos desafortunados, nas noites frias do inverno.

❧

Sabes que teus minutos de dedicação são sementes de alegria que plantas em inúmeros lares. Contudo, apesar da felicidade que levas aos outros, sentes o espinho da tristeza cravado no coração.

Realizas a peregrinação rica de encantos, onde reergues a esperança e a coragem de muitos. No entanto, quando te recolhes ao silêncio dos aposentos, deixas-te envolver por lembranças amargas.

Rememoras a competição de companheiros bem intencionados.

Lembras a deserção dos amigos, que sucumbiram aos apelos dos interesses imediatistas.

Recordas a indiferença e a ironia, a agressão e o destempero verbal de quantos se sentem incomodados por teus ideais nobilitantes.

E por que essas lembranças te acodem com dor e desânimo, perguntas a razão de tudo isso, quando o que desejas é apenas fazer caridade.

❧

A verdade, porém, é que, sendo discípulo fiel do Cristo, vais trilhar o mesmo caminho do Senhor.

Não faltarão mãos estendidas, suplicando auxílio, mas também não faltará a coroa de espinhos, travestida de incompreensões.

Não faltarão rogativas de esperança e apoio, mas também não faltará a chicotada da ingratidão.

Não faltarão demonstrações de carinho e apreço, mas também não faltará o repúdio doloroso.

Por isso, não te entristeças com as contradições no desempenho das tarefas. Toma tua cruz sobre os ombros e percorre o próprio calvário, na certeza de que além dele aguarda-te a ressurreição da alegria e da paz.

E nos momentos mais angustiantes da trajetória, quando sentires que o desencanto te domina, recorda Jesus no Jardim das Oliveiras e roga a Deus força e perseverança para prosseguires, repetindo com o Mestre Divino as palavras que hão de testemunhar teu sentimento de humildade:

– Pai, seja o que quiseres e não o que eu quero.

191 - *Não descreia*

Cap. XV – 4 e 5

Muitas vezes, a caridade só precisa de um segundo e resume-se em única palavra.

        Calma.
        Entenda.
        Silencie.
        Espere.
        Perdoe.
        Esqueça.
        Paciência.
        Coragem.
        Prossiga.
        Ânimo.
        Ore.
        Confie.
        Trabalhe.
        Pacifique.
        Tolere.
        Sorria.
        Ame.
        Persista.
        Acredite.
        Recomece.

A palavra oportuna, dirigida com amor e no momento certo, tem efeitos surpreendentes no campo do bem.

Faça, pois, o que puder em favor do próximo e não descreia do muito que o pouco pode realizar, recordando que a dor de cabeça passa com simples comprimido.

192 - *Ainda falta*

Cap. XV – 6 e 7

Existem creches, mas as crianças ainda são maltratadas.

Existem asilos, mas os velhos ainda se sentem sozinhos.

Existem casas de sopa, mas o desaforo ainda é tempero.

Existem campanhas de agasalho, mas a frieza ainda é distribuída.

Existem núcleos de auxílio, mas a palavra áspera ainda está presente.

Existem movimentos de solidariedade, mas o interesse pessoal ainda interfere.

Existem fartas doações, mas o orgulho ainda acompanha a moeda.

Existem instituições de amor ao próximo, mas o amor a si mesmo ainda predomina.

Realmente, não há como negar que a beneficência existe. Mas, sem dúvida, ainda falta a caridade.

193 - *Remédio falso*

Cap. XV – 8 e 9

Benevolência com todos.
Difícil.

Esquecimento da agressão.
Impraticável.

Tolerância com o inimigo.
Impossível.

Indulgência ao próximo.
Oportunismo.

Perdão das ofensas.
Impensável.

Silêncio na provocação.
Risco.

Paciência com alguém.
Conveniência.

Brandura no trato.
Fraqueza.

Compaixão pelo delinquente.
Exagero.

Amor incondicional.
Fantasia.

∽

Muitos dos que pensam assim proclamam a fé em Deus e o respeito à verdade. Contudo, desprezando a importância da caridade no crescimento do Espírito, comportam-se como o remédio falso que tem toda a aparência do autêntico, mas lhe falta a fórmula certa.

194 - *É hora*

Cap. XV – 10

Qualquer momento é hora de caridade.

∽

Você trabalha. Tem o colega difícil. É hora da indulgência.

Você pede o favor. Percebe a má vontade. É hora do entendimento.

Você está com a família. Convive com problemas. É hora da paciência.

Você cruza com o amigo. Não recebe atenção. É hora da desculpa.

Você encontra o vizinho. O assunto incomoda. É hora da benevolência.

Você diz o que pensa. Não é compreendido. É hora da tolerância.

Você cumpre o dever. Ouve a ofensa. É hora do perdão.

❧

Ninguém precisa de ocasião especial para exemplificar os ensinamentos de Jesus. Você conhece o Evangelho. Sabe o que tem de fazer. É hora de agir.

Capítulo XVI

Não se pode servir a Deus e a Mamon

195 - *Ricos*

Cap. XVI – 1, 2 e 7

Há ricos que ainda não entenderam o verdadeiro objetivo da riqueza.

❧

Os avarentos que se debruçam sobre o cofre, temerosos de perdê-lo.

Os usurários que se enriquecem à custa da exploração alheia.

Os orgulhosos que usam a moeda para impor humilhações.

Os egoístas que têm muito e são indiferentes aos que nada têm.

Os pródigos que desperdiçam o patrimônio em futilidades.

Os insensíveis que não se comovem com as lágrimas da miséria.

Os vaidosos que se vangloriam de possuir mais do que o vizinho.

Os exibicionistas que sentem necessidade de mostrar a fortuna.

Os desonestos que acumulam o ouro por caminhos tortuosos.

Os esnobes que precisam acreditar que estão acima de todos.

❧

Ao contrário de outros ricos que já aprenderam a lição do desprendimento, eles são agarrados às posses e surdos aos apelos do bem comum.

Não surpreende, pois, que tenham dificuldade de entrar no reino dos céus, como afirmou Jesus, porque, na própria Terra, já se afastaram de Deus.

196 - *Sensatez*

Cap. XVI – 3 e 7

Trabalhe.
Acumule.
E não se amarre à avareza.

Plante.
Colha.
E não se renda ao egoísmo.

Negocie.
Ganhe.
E não se ligue à mesquinhez.

Produza.
Lucre.
E não se prenda ao dinheiro.

Adquira.
Aumente.
E não se escravize aos bens.

Economize.
Enriqueça.
E não se afogue no ouro.

❧

Ninguém está impedido de fazer fortuna com trabalho honesto, mas deve ter a sensatez de não viver exclusivamente para ela.

197 - *Hora de mudar*

Cap XVI – 4 e 7

O mendigo pede esmola.
Você recusa.

O faminto pede alimento.
Você não ouve.

O maltrapilho pede roupa.
Você se irrita.

O enfermo pede remédio.
Você desconversa.

O desorientado pede apoio.
Você muda de assunto.

A criança na rua pede auxílio.
Você nega.

O necessitado pede amparo.
Você dispensa.

A gestante pobre pede ajuda.
Você dá de ombros.

O velhinho pede agasalho.
Você evita.

O infeliz pede socorro.
Você manda embora.

Negócios não são desculpa para a falta de fraternidade. Cuide de suas riquezas, mas não se ausente da necessidade do próximo.

Procure nas lições do Evangelho o encontro com Jesus, para que você possa hospedá-lo com alegria no coração e compreender que é hora de mudar.

Vivendo o Evangelho

198 - *Riqueza solidária*

Cap. XVI – 5 e 8

Você abastece a despensa. Vive com fartura. Mas ainda existe o faminto.

Você mora na mansão. Tem todo o conforto. Mas ainda existe o mendigo.

Você veste a roupa cara. Dita a moda. Mas ainda existe a nudez.

Você frequenta a escola. Tem ensino de qualidade. Mas ainda existe o analfabeto.

Você tem energia. Esbanja saúde. Mas ainda existe o doente.

Você exerce a profissão. Garante o trabalho. Mas ainda existe o miserável.

Você tem influência. Participa de decisões. Mas ainda existe o excluído.

❧

Tesouro pessoal não é só dinheiro. Qualquer que seja sua riqueza, lembre-se de que ela tem compromisso com a solidariedade.

Ninguém infringe as leis do mundo por usufruir os bens adquiridos honestamente, mas fica em dívida com o Código Divino, quando é indiferente aos apelos do bem comum.

O problema do rico não é a riqueza. É ele mesmo.

199 - *Talentos divinos*

Cap. XVI – 6

Benevolência
Humildade
Amor
Caridade
Fé
Honradez
Esperança
Perdão
Bondade
Paciência
Paz
Disciplina
Compaixão
Fraternidade
Perseverança
Tolerância
Compreensão
Coragem
Entendimento

❧

Estas riquezas são talentos divinos que o Evangelho coloca à disposição de cada um, para o investimento na transformação moral.

Aplique-os na vida cotidiana, sem medo de perdê-los no contato com as dificuldades do caminho, pois esse tesouro, guardado no cofre do comodismo, é sempre prejuízo certo na contabilidade da evolução espiritual.

Vivendo o Evangelho ❧ 35

200 - *Sem amor*

Cap. XVI – 7

Ninguém está impedido de possuir algo.

❧

Poder.
Mas o poder sem amor é orgulho.

Autoridade.
Mas a autoridade sem amor é tirania.

Prestígio.
Mas o prestígio sem amor é vaidade.

Influência.
Mas a influência sem amor é interesse.

Cultura.
Mas a cultura sem amor é arrogância.

Força.
Mas a força sem amor é destruição.

Defesa.
Mas a defesa sem amor é vingança.

Direito.
Mas o direito sem amor é injustiça.

❧

O mesmo acontece com o dinheiro. Ninguém está impedido de ter riqueza, mas a riqueza sem amor é avareza.

201 - *Desigualdade*

Cap. XVI – 8

Há desabrigados, mas existem mansões com famílias indiferentes ao sofrimento alheio.

Há famintos, mas existem mesas fartas, cujas sobras se destinam ao lixo.

Há desnudos, mas existem armários repletos de roupas esquecidas.

Há doentes, mas existem pessoas saudáveis que nem se lembram deles.

Há mendigos, mas existe muita gente que desconhece a fraternidade.

Há analfabetos, mas existem professores que não se interessam pelos alunos.

Há menores abandonados, mas existem pais que não enxergam além dos próprios filhos.

Há miseráveis, mas existem ricos que se preocupam apenas com a própria fortuna.

Vivendo o Evangelho

O mundo apresenta realmente enormes desníveis nas oportunidades de vida, gerando desequilíbrios sociais. O maior problema, porém, não é a desigualdade, é a falta de amor para resolvê-la.

202 - Bagagem certa

Cap. XVI – 9

A viagem para o mundo espiritual exige preparo mais autêntico do que simples aparências.

Foges aos prazeres mundanos,
mas criticas a escolha dos outros.

Vives com moderação,
mas condenas a conduta alheia.

Ages com honestidade,
mas não vences o egoísmo.

Cultivas a oração,
mas continuas intolerante.

Dás a esmola,
mas censuras o pedinte.

Frequentas o templo,
mas não afastas a vaidade.

Auxilias a obra assistencial,
mas alimentas o orgulho.

Impões sacrifícios ao corpo,
mas não perdoas a ofensa.

Enalteces a fé,
mas fraquejas na indulgência.

Estudas a religião,
mas não aprendes a humildade.

❧

Escolhe, pois, a bagagem certa para a jornada rumo à vida futura, a fim de que não deixes para trás a mochila da transformação íntima.

203 - *O que vale*

Cap. XVI – 10

Constrói a mansão.
Mora com luxo.
Mas beneficia o sem teto.

Vivendo o Evangelho ❧ 39

Usa a roupa fina.
Anda na moda.
Mas auxilia o sem roupa.

Tem a mesa farta.
Come do melhor.
Mas socorre o sem pão.

Compra o móvel.
Exige qualidade.
Mas ajuda o sem conforto.

Adquire a escultura.
Paga o preço alto.
Mas acode o sem recurso.

Aumenta o negócio.
Aproveita o lucro.
Mas apoia o sem condição.

Investe o dinheiro.
Apura o ganho.
Mas ampara o sem saúde.

❧

Usufrui os bens materiais, mas recorda que os títulos de propriedade em teu nome só têm valor enquanto estiveres no corpo, pois além do túmulo, na dimensão espiritual, o que realmente vale é o bem que fizeres através deles.

204 - *Uso da riqueza*

Cap. XVI – 11

Verifique a riqueza que você tem e o uso que faz dela.

❧

É empresário.
Rico de patrimônio.
Dá emprego.
Mas paga mal.

É estilista.
Rico de habilidade.
Costura bem.
Mas o preço é alto.

É comerciante.
Rico de recursos.
Serve com gentileza.
Mas exagera no lucro.

É professor.
Rico de conhecimento.
Ensina com facilidade.
Mas a aula é cara.

É profissional.
Rico de competência.
Atende com presteza.
Mas cobra muito.

❧

Vivendo o Evangelho ❧ 41

A riqueza tem função social. Se você é rico de qualquer coisa, promova o bem comum, certo de que também é amor não explorar o próximo nas relações materiais.

205 - *É incapaz*

Cap. XVI – 12

Antibióticos.
E guerra bacteriológica.

Fertilizantes.
E armamentos químicos.

Medicina nuclear.
E explosivos atômicos.

Computador.
E mísseis inteligentes.

Fábricas poderosas.
E miséria.

Ciência avançada.
E assassinatos.

Tecnologia de ponta.
E violência.

Centros universitários.
E assaltos.

Hospitais modernos.
E doentes sem recursos.

Satélites de comunicação.
E indiferença.

∽

Não há dúvida de que o homem melhorou o mundo à sua volta e alcançou conforto e progresso.

Contudo, distante dos ensinamentos de Jesus, é incapaz de transformar o próprio mundo interior e permanece escravo do egoísmo e do orgulho, de tal forma que desconhece a existência do próximo e só valoriza o amor a si mesmo.

206 - *Riqueza responsável*

Cap. XVI – 13

Dinheiro compra mansões.
Mansão tem empregados.
Pague-os corretamente.

Dinheiro compra navios.
Navio tem marinheiros.
Trate-os com honestidade.

Vivendo o Evangelho ∽ 43

Dinheiro compra fábricas.
Fábrica tem operários.
Combine o salário justo.

Dinheiro compra lojas.
Loja tem balconistas.
Dê a eles o que é certo.

Dinheiro compra terreno.
Terreno tem impostos.
Não se esqueça deles.

Dinheiro compra fazendas.
Fazenda tem caseiros.
Cuide bem de seus direitos.

Dinheiro compra empresas.
Empresa tem funcionários.
Remunere-os com dignidade.

~

A riqueza, como qualquer outro instrumento de ação no mundo, está sujeita à vontade de quem a possui.

Não está errado que você usufrua os bens que tenha. Contudo, é certo que o dinheiro em suas mãos é empréstimo de Deus para o bem comum, de tal forma que a riqueza material só lhe trará felicidade verdadeira, se ela for também responsável pela felicidade dos outros.

207 - *Não sobra*

Cap. XVI – 14

Você tem empresa.
Entrega-se todo a ela.
Ama cada lucro do negócio.
E não sobra amor ao empregado.

Você tem carro.
Cuida sempre dele.
Ama cada componente.
E não sobra amor ao passageiro.

Você tem casa.
É exigente nos cuidados.
Ama cada móvel e enfeite
E não sobra amor ao serviçal.

Você tem loja.
Excede na vigilância.
Ama cada prateleira.
E não sobra amor ao freguês.

Você tem fazenda.
Exagera na dedicação.
Ama cada palmo de terra.
E não sobra amor aos outros.

Vivendo o Evangelho 45

Você tem dinheiro.
É muito apegado a ele.
Ama cada face da moeda.
E não sobra amor a ninguém.

❦

Você tem direito à posse digna dos bens terrenos, mas não deixe de lado as conquistas espirituais.

Desatender à evolução do Espírito e apegar-se ao patrimônio material, a pretexto de garantia e segurança, é motivação de avestruz, que põe a cabeça no buraco para salvar a vida, mas deixa o corpo de fora, exposto ao perigo.

208 - *Direito e obrigação*

Cap. XVI – 14

A riqueza não é privilégio. É empréstimo divino por tempo determinado, submetido a cláusulas de direitos e obrigações.

❦

Direito à moradia requintada.
Obrigação com o desabrigado.

Direito de expandir a empresa.
Obrigação com o funcionário.

Direito de lucrar no negócio.
Obrigação com o desamparado.

Direito à vida confortável.
Obrigação com a beneficência.

Direito de usufruir os bens.
Obrigação de auxiliar o próximo.

Direito à mesa farta e variada.
Obrigação de socorrer o faminto.

Direito de aumentar o patrimônio.
Obrigação de diminuir a miséria.

Direito ao guarda-roupa da moda.
Obrigação de vestir o maltrapilho.

Direito ao estudo mais completo.
Obrigação com o estudante pobre.

Direito ao melhor tratamento de saúde.
Obrigação com o doente sem recursos.

❧

É claro que aquele que possui o tesouro material vai atender a seu bem-estar. Contudo, tem igualmente o compromisso com o bem-estar do próximo.

Deus permite o direito à riqueza, mas espera de cada rico a obrigação da solidariedade.

Vivendo o Evangelho ❧ 47

209 - *Previdência divina*

Cap. XVI – 14

Faça economia,
mas não recuse ajuda ao próximo.

Guarde dinheiro,
mas entregue a moeda ao pedinte.

Compre a propriedade,
mas não rejeite o pedido de socorro.

Acumule bens,
mas ofereça a roupa ao maltrapilho.

Adquira a apólice de seguro,
mas não negue o alimento ao faminto.

Amplie os investimentos,
mas auxilie o enfermo sem recursos.

Tenha aplicações financeiras,
mas não afaste alguém em dificuldade.

Reserve o pecúlio para depois,
mas ajude agora o irmão que precisa.

Aumente o patrimônio,
mas não esqueça o exercício do bem.

Garanta a sobrevivência dos seus,
mas pense também na vida dos outros.

❧

É natural que você se preocupe com os dias vindouros e queira segurança para si e a família. Isto, porém, não significa desconhecer o próximo.

Guarde para o futuro, mas lembre-se das lições de Jesus e não deixe de ajuntar também os bens espirituais, praticando a caridade, na certeza de que ela é a poupança mais importante, porque rende, o tempo todo, felicidade e paz, com a garantia da Previdência Divina.

210 - *Vencedor e vencido*

Cap. XVI – 14

Não há dúvida de que é vencedor aquele que com trabalho perseverante e honesto mereceu a recompensa da riqueza.

❧

Venceu a preguiça.
E aproveitou o tempo.

Venceu a inércia.
E teve a iniciativa.

Vivendo o Evangelho ❧ 49

Venceu o comodismo.
E trabalhou muito.

Venceu a ignorância.
E aprendeu bastante.

Venceu a tibieza.
E assumiu riscos.

Venceu o desânimo.
E seguiu adiante.

Venceu a descrença.
E confiou no esforço.

Venceu o medo.
E superou imprevistos.

Venceu as limitações.
E ganhou espaço.

Venceu as dificuldades.
E garantiu o futuro.

❧

Venceu inúmeros obstáculos, acumulando bens e fortuna. Contudo, atribui todo o mérito das conquistas apenas a si mesmo, olvidando a bondade de Deus que lhe permite a vitória.

É vencedor, mas vencido pelo orgulho.

211 - *Pródigos*

Cap. XVI – 14

No campo da riqueza, há pródigos de toda espécie, que carregam consigo alta dose de egoísmo, travestido de generosidade.

❧

Chefes de família dão mau exemplo aos descendentes, entregando-se ao luxo gritante e à sofisticação dos hábitos de vida, para assegurar posição de relevo e garantir a citação frequente nas colunas sociais.

Pais exageram nos mimos aos rebentos, gastando além dos limites desejáveis, para atendê-los nas exigências descabidas de exibição diante de amigos e colegas.

Filhos, educados no sistema do agrado a qualquer custo e desorientados quanto à sobriedade dos costumes, desperdiçam somas enormes em noitadas festivas e condutas excêntricas.

Parentes esbanjadores influenciam familiares desprevenidos, levando-os a despesas incontroláveis, em razão de consumismo desenfreado.

Herdeiros deslumbram-se com a posse repentina de bens e mergulham na ilusão do dinheiro fácil e sem fim, dissipando fortunas sólidas.

Gerentes irresponsáveis manipulam a confiança de proprietários e consomem recursos preciosos na

Vivendo o Evangelho ❧ 51

administração extravagante, prejudicando patrimônios respeitáveis.

Governantes que visam à promoção de si mesmos, em detrimento do interesse comum, realizam obras de efeito visual e utilidade duvidosa, dilapidando os cofres públicos.

❧

Se Deus lhe colocou nas mãos a riqueza material, não descuide de enxergá-la como ferramenta de trabalho a serviço do bem de todos.

Sirva-se dela para seu prazer e conforto, sem desconhecer que ela deve servir igualmente ao conforto e prazer do próximo, recordando que a árvore utiliza a seiva para sustentar tronco e galhos, manter o verde da folhagem e mostrar a beleza das flores, mas também a transforma em frutos para o benefício dos outros.

212 - *Aprendizado*

Cap. XVI – 14

Encare as perdas materiais com ponto de vista mais elevado.

❧

Os bens vão a leilão?
Patrimônio moral é mais valioso.

Negócio fracassado?
Experiência é crescimento.

A fortuna se esvaiu?
Há os tesouros da alma.

Profissão em queda?
Continue a servir com dignidade.

Propriedade ameaçada?
Garanta a posse da fé.

Amigos em baixa?
O Alto é sempre solidário.

Humilhação social?
Posição espiritual é a que importa.

O supérfluo acabou?
Exagero atrasa a evolução.

O ânimo se abateu?
Confie na Bondade Divina.

O padrão de vida caiu?
Considere a qualidade do Espírito.

⸎

A Doutrina Espírita ensina, através da reencarnação, que as perdas e os reveses fazem parte do aprendizado espiritual, segundo a Lei de Causa e Efeito.

O desapego aos bens terrenos é tarefa longa e difícil, mas começa quando você aprende a perder com serenidade.

Vivendo o Evangelho ⸎ 53

213 - *Erro*

Cap. XVI – 14

O poeta tem inspiração.
Da inspiração nasce o poema.

O artista tem talento.
Do talento nasce a obra de arte.

O escritor tem criatividade.
Da criatividade nasce a novela.

O atleta tem esforço.
Do esforço nasce a vitória.

O pacifista tem tolerância.
Da tolerância nasce a paz.

O sábio tem amor.
Do amor nasce a sabedoria.

O músico tem habilidade.
Da habilidade nasce a melodia.

O profissional tem vocação.
Da vocação nasce a competência.

O cientista tem conhecimento.
Do conhecimento nasce a solução.

O inventor tem inteligência.
Da inteligência nasce a descoberta.

Cada uma dessas riquezas espirituais produz um bem específico. Da mesma forma, a fortuna material tem finalidade útil, que é alavancar o progresso em favor do bem comum.

Se você deseja se desfazer da riqueza, alegando que ela prejudica a evolução do Espírito, na verdade foge da missão que a Providência Divina lhe atribui e comete perigoso erro, pois será pobre de dinheiro, mas rico de rebeldia à vontade de Deus.

214 - *Desprendimento*

Cap. XVI – 14

Você possui bens materiais. Pergunte a si mesmo se é capaz de algum desprendimento.

Tem dinheiro guardado. É capaz de ficar com menos, para ajudar o parente atribulado que perdeu tudo?

Tem carro de passeio. É capaz de utilizá-lo para socorrer o desconhecido, vítima de mal súbito, na via pública?

Tem veículo de transportes. É capaz de fazer um carreto de graça ao infeliz sem recursos e que precisa da condução?

Tem telefone. É capaz de colocá-lo à disposição de vizinhos conscienciosos, sem a contrapartida da tabela de preços?

Tem estabelecimento comercial. É capaz de repartir melhor a comissão das vendas, para melhorar o ganho dos auxiliares?

Tem empresa industrial. É capaz de admitir o lucro menor, para favorecer a situação dos empregados?

Tem roupa apropriada a qualquer ocasião. É capaz de cedê-la ao amigo humilde, com necessidade de comparecer a determinada reunião social?

Tem biblioteca numerosa e variada. É capaz de emprestar o livro caro ao estudante pobre e responsável, que não pode adquiri-lo?

Tem poder de decisão. É capaz de renunciar à posição de prestígio, para não cometer injustiça?

Tem mandato de governo. É capaz de sacrifício pessoal, para atender ao interesse comum?

～

O desprendimento não depende de quantidade ou qualidade dos bens terrenos, mas da capacidade de entender que todo bem procede de Deus e deve ser repartido.

Não importa se a árvore está carregada de frutos ou se o ninho da galinha contém apenas um ovo. O importante é que estejam disponíveis e sejam úteis a quem precisa deles.

215 - *Herança imperecível*

Cap. XVI – 15

As leis humanas permitem e disciplinam o instituto da herança. Natural, pois, que queiras deixar aos descendentes os bens materiais que conquistaste.

Entretanto, enquanto ainda te encontras no corpo físico, aproveita também para transmitir aos teus a herança imperecível das qualidades do Espírito.

⌇

Ajuntas dinheiro na conta bancária.
Não te afastes também da bondade.

Preservas a empresa produtiva.
Pratica também a caridade.

Fazes aplicações financeiras.
Aplica também no perdão.

Vivendo o Evangelho ⌇ 57

Realizas o investimento correto.
Age também com benevolência.

Conservas o imóvel rentável.
Guarda também a solidariedade.

Garantes o seguro de vida.
Busca também a certeza da paz.

Adquires a propriedade de valor.
Mostra também a honestidade.

Acumulas joias no cofre.
Alarga também a compreensão.

Manténs extensões de terra.
Aumenta também a brandura.

Amontoas títulos e escrituras.
Investe também no amor ao próximo.

Prepara a herança aos teus, mas não te esqueças de exemplificar as lições do Evangelho, transmitindo aos que te compartilham a existência o patrimônio espiritual, a fim de que teus herdeiros não estejam entre aqueles que são ricos de bens, mas pobres do bem autêntico.

Capítulo XVII

Sede perfeitos

216 - *Receita Difícil*

Cap. XVII – 1 e 2

Compreenda a dificuldade.
Conviva com a indulgência.
Mantenha a esperança.
Esqueça a maldade.
Sofra sem reclamar.
Fortaleça a coragem.
Desculpe o outro.
Ajude o próximo.
Perdoe a ofensa.
Releve a ironia.
Sirva sem exigir.
Sustente a fé.
Cumpra o dever.
Trabalhe sempre.
Fuja da vingança.
Afaste a violência.
Supere o egoísmo.
Busque a humildade.
Cultive a abnegação.
Combata o orgulho.
Tolere a impertinência.
Exercite o amor incondicional.

∽

É realmente muito difícil a receita do Evangelho para a conquista da perfeição, mas Jesus não exige santificação imediata, apenas pede o esforço da renovação íntima.

217 - *Simplesmente*

Cap. XVII – 1 e 2

Você busca a perfeição com perseverança.

~

Busca no amor. Sacrifica-se. Sofre. E percebe que ainda tem raiva.

Busca na caridade. Dedica-se. Ajuda. E percebe que ainda é egoísta.

Busca na concórdia. Fala. Argumenta. E percebe que ainda se irrita.

Busca na paz. Conversa. Harmoniza. E percebe que ainda é agressivo.

Busca na humildade. Suporta. Silencia. E percebe que ainda é orgulhoso.

Busca no perdão. Esquece. Contorna. E percebe que ainda se vinga.

Busca na solidariedade. Ampara. Serve. E percebe que ainda compete.

Busca na paciência. Compreende. Aguarda. E percebe que ainda é agitado.

~

Ninguém é perfeito, mas cada um tem o compromisso de tentar o esforço na prática do bem.

É simplesmente isso que Jesus espera de você.

Vivendo o Evangelho ~ 61

218 - *É difícil*

Cap. XVII – 3

É difícil o perdão, mas é possível esquecer a vingança.

É difícil a misericórdia, mas é possível chegar à compaixão.

É difícil a humildade, mas é possível diluir o orgulho.

É difícil a indulgência, mas é possível deixar a intolerância.

É difícil a caridade, mas é possível fugir do egoísmo.

É difícil a justiça, mas é possível não ser injusto.

É difícil a solidariedade, mas é possível ter desprendimento.

É difícil o bem, mas é possível melhorar o coração.

❧

É claro que você não alcança a perfeição de um dia para outro. Nem por isso, contudo, está desobrigado do esforço constante no aperfeiçoamento íntimo, recordando que o rio caudaloso, prestes a desaguar no oceano, cumpriu longa trajetória e começou, muito antes, no murmúrio simples de uma fonte.

219 - *Gratidão a Kardec*

Cap. XVII – 4

O mundo atolava-se na incredulidade, tripudiando sobre a ideia de Deus. Entretanto, Kardec, nas páginas de O Livro dos Espíritos, descortinou os horizontes da imortalidade e assentou os fundamentos da fé raciocinada.

O mundo afundava-se na superstição, cultivando situações supostamente sobrenaturais. Contudo, Kardec, nas considerações de O Livro dos Médiuns, desvendou a dimensão espiritual da vida e explicou o fenômeno mediúnico.

O mundo mergulhava no desespero, olvidando o amor e a caridade. No entanto, Kardec, nas dissertações de O Evangelho Segundo o Espiritismo, reafirmou o ensino moral do Cristo e trouxe de volta a Boa Nova em sua pureza primitiva.

O mundo escravizava-se à intolerância religiosa, temendo o destino após a morte. Todavia, Kardec, na discussão lúcida de O Céu e o Inferno, contestou as penas eternas, expôs a justiça divina e exaltou a misericórdia do Pai.

O mundo perdia-se no labirinto das interpretações teológicas, enredando-se na trama dos dogmas rígidos. Mas, Kardec, nos capítulos de A Gênese, discorreu com simplicidade e clareza sobre a origem da Terra e do homem, do bem e do mal, e interpretou à luz da razão os milagres e as predições de Jesus.

Vivendo o Evangelho ❧ 63

Ao codificar o Espiritismo, Allan Kardec revolucionou o conhecimento humano, convocando a Ciência e a Filosofia a experimentar e pensar no mais Além.

Enderecemos, pois, ao valoroso missionário de Lyon nossa mais profunda gratidão pelo bem que semeou em nosso caminho, abrindo-nos o coração para a fé inabalável na vida futura e dando-nos a certeza de que o sofrimento de hoje é o prenúncio de felicidade no amanhã.

220 - *Tuas sementes*

Cap. XVII – 5 e 6

Fala com brandura.
Encoraja com fé.
Ouve com atenção.
Escreve com amor.
Age com tolerância.
Dialoga com carinho.
Ensina com paciência.
Responde com perdão.
Pondera com caridade.
Ampara com esperança.
Trabalha com correção.
Analisa com misericórdia.

Convive com fraternidade.

Compreende com benevolência.

❧

Palavras, atitudes e gestos são sementes que lanças à tua volta, no campo da vida. Não importa onde elas caiam, se brotam ou não. O importante é que sejas sempre o semeador do bem.

221 - *Deveres do coração*

Cap. XVII – 7

Você trabalha.
Executa a tarefa.
Mas normas de serviço não obrigam à caridade.

Você dirige.
Obedece aos sinais.
Mas regras de trânsito não obrigam ao perdão.

Você leciona.
Aplica o método de ensino.
Mas pedagogia não obriga à misericórdia.

Você negocia.
Paga impostos.
Mas contrato não obriga à humildade.

Vivendo o Evangelho ❧ 65

Você escreve.
Respeita a língua.
Mas gramática não obriga à abnegação.

Você administra.
Sujeita-se à disciplina.
Mas estatuto não obriga ao devotamento.

Você convive.
Trata bem a todos.
Mas etiqueta não obriga ao amor sem exigências.

❧

Obrigações materiais regem-se pelas leis humanas. Obrigações morais dependem de você.

Os deveres do coração, calcados nas lições de Jesus, são assunto de sua consciência, fora do alcance da legislação dos homens. Contudo, a menor dívida quanto a eles é da alçada do Código Divino que usa o anestésico da misericórdia, mas não esquece o bisturi da justiça.

222 - *Manequins de virtudes*

Cap. XVII – 8

São conhecidos.

❧

Exercem o perdão.
Com plateia.

Fazem beneficência.
Com propaganda.

Mostram bondade.
Com anúncio.

Manifestam fé.
Com alarde.

Desfilam honradez.
Com aparato.

Exibem benevolência.
Com publicidade.

Expõem misericórdia.
Com aplausos.

Revelam amor.
Com divulgação.

Apresentam as próprias qualidades, esquecidos da lição de Jesus que ensina a modéstia. Têm méritos, mas ainda não são virtuosos. São manequins de virtudes, nas vitrinas do orgulho.

223 - *Autoridade e obediência*

Cap. XVII – 9

Se você exige do outro, em razão da autoridade

que lhe é conferida, obriga-se igualmente a exigir de si mesmo.

Exige serviço?
Seja operoso.

Exige destreza?
Seja hábil.

Exige honradez?
Seja digno.

Exige retidão?
Seja honesto.

Exige disciplina?
Seja assíduo.

Exige parceria?
Seja solidário.

Exige ordem?
Seja correto.

Exige destreza?
Seja capaz.

Exige respeito?
Seja cortês.

Exige decisão?
Seja resoluto.

Quem manda, tem a obrigação de obedecer às regras que dita, a fim de que seu exemplo seja ensinamento e estímulo ao subalterno que a Providência Divina lhe confiou, de modo que, agindo assim, exercerá a autoridade e será obediente ao preceito de Jesus, segundo o qual cada um deve fazer ao próximo o que gostaria que o próximo lhe fizesse.

224 - *Não imagine*

Cap. XVII – 10

Ninguém precisa ser asceta para seguir as lições de Jesus. Você quer alguma coisa, mas se contém por receio de ofender os princípios evangélicos.

❧

Quer dançar. Dance,
    mas com respeito.

Quer brincar. Brinque,
    mas com decência.

Quer usar joias. Use,
    mas sem arrogância.

Quer passear. Passeie,
    mas com moderação.

Quer namorar. Namore,
    mas com responsabilidade.

Vivendo o Evangelho

Quer se vestir bem. Vista-se,
mas sem ostentação.

Quer se divertir. Divirta-se,
mas sem excessos.

Quer se maquiar. Maquie-se,
mas sem exagero.

Quer cuidar do corpo. Cuide,
mas sem obsessão.

Quer ganhar dinheiro. Ganhe,
mas com honestidade.

❧

Não imagine que o Evangelho lhe imponha ausentar-se do mundo.

Jesus não se afastou da convivência com pessoas diferentes, esteve na festa de casamento, sentou-se à mesa do publicano, viveu os costumes de sua época, mas em nenhum momento deixou de ser ele mesmo no cumprimento da vontade de Deus.

225 - *Corpo e Espírito*

Cap. XVII – 11

Tome as providências necessárias para manter o corpo em forma, mas cultive também as qualidades do Espírito.

❧

Dê a caminhada, mas vá atrás do infortúnio oculto.

Pratique a musculação, mas fortaleça a caridade.

Faça o alongamento, mas estique a tolerância.

Entregue-se à corrida, mas ande depressa com o perdão.

Frequente a ginástica, mas exercite o esquecimento das ofensas.

Continue com a natação, mas use os braços para o gesto de apoio.

Controle o peso, mas contenha o orgulho.

Elimine as rugas, mas combata o egoísmo.

Previna-se de doenças, mas vacine-se contra a vaidade.

Procure a cirurgia plástica, mas lembre-se da renovação íntima.

❧

Está certo que você se dedique aos cuidados físicos, ma não se esqueça da transformação moral, para que o corpo saudável seja morada do Espírito sadio.

Vivendo o Evangelho ❧ 71

Capítulo XVIII

Muitos os chamados e poucos os escolhidos

226 - Chamados e escolhidos

Cap. XVIII – 1 e 2

Socorra o faminto, mas não o torture com recriminações.

Dê agasalho a quem precisa, mas não mostre má vontade.

Ajude o necessitado de apoio, mas não exija explicações desnecessárias.

Oriente o irmão em dúvida, mas não lhe dirija palavras duras.

Visite o amigo enfermo, mas evite a conversa inoportuna.

Ouça o desabafo do vizinho infeliz, mas não demonstre impaciência.

Ampare o companheiro impertinente, mas não aja com intolerância.

Participe do grupo de assistência, mas não se deixe dominar pelo mau humor.

A oportunidade de auxiliar o próximo é sempre um teste do compromisso com Jesus, porque, entre os muitos chamados para a seara do Evangelho, jamais serão os escolhidos aqueles que estendem as mãos para servir, mas facilmente as transformam em punhos para bater.

227 - *A porta e a chave*

Cap. XVIII – 3 a 5

Existe a ofensa.
Perdoas.
Mas teu perdão ainda tem ressalvas.

Existe o conflito.
Pacificas.
Mas tua ajuda ainda pede explicações.

Existe a miséria.
Socorres.
Mas teu auxílio ainda constrange.

Existe o infortúnio.
Confortas.
Mas teu consolo ainda incomoda.

Existe a aflição.
Encorajas.
Mas teu incentivo ainda é exigente.

Existe o ódio.
Amas.
Mas teu amor ainda faz restrições.

∽

Conhecendo o Evangelho e desejando seguir os passos de Jesus, não há dúvida que já te encontras no caminho apertado da transformação moral.

Vivendo o Evangelho ∽ 75

Contudo, neste percurso árduo, é natural que tenhas vacilações na conquista do bem e dificuldades para superar os ranços de egoísmo e orgulho.

Estás diante da porta estreita da salvação, mas ainda te falta a chave.

228 - *Porta estreita*

Cap. XVIII – 4

Você conhece as próprias imperfeições.

❧

É agressivo,
mas não age.

É invejoso,
mas finge.

É ciumento,
mas não atua.

É egoísta,
mas oculta.

É orgulhoso,
mas disfarça.

É vingativo,
mas se segura.

É implicante,
mas esconde.

É mesquinho,
mas não revela.

É petulante,
mas dissimula.

É rancoroso,
mas encobre.

❧

Não adianta você fazer de conta que não tem defeito e imaginar que está a caminho do encontro com Jesus, quando se esquece da renovação íntima.

A porta estreita, que conduz ao reino de Deus, é a transformação moral.

229 - Nem sempre

Cap. XVIII – 6 a 9

Sofres, porque conheces os ensinamentos de Jesus e não consegues segui-los durante todo o tempo.

❧

A humildade é a solução, mas nem sempre consegues mantê-la.

O amor é o remédio, mas nem sempre consegues usá-lo.

A caridade é a certeza, mas nem sempre consegues possuí-la.

O perdão é o caminho, mas nem sempre consegues encontrá-lo.

A misericórdia é a esperança, mas nem sempre consegues senti-la.

A indulgência é a pacificação, mas nem sempre consegues aplicá-la.

A brandura é a meta, mas nem sempre consegues alcançá-la.

A fé é a bênção, mas nem sempre consegues preservá-la.

❧

O Evangelho é o mapa divino que aponta a direção do Reino de Deus.

Caminha, pois, com firmeza e coragem, apesar das dificuldades durante o trajeto, na certeza de que o importante é persistires no bem, porque o reino dos céus só é conquistado por aquele que ama verdadeiramente o próximo, como Jesus nos amou.

230 - *Tente de novo*

Cap. XVIII – 7 e 9

Não é sempre que você consegue colocar em prática as lições evangélicas, mas insista e tente de novo.

❧

O fracasso é humilhante. Você se abate. Mas tenha coragem.

A doença é difícil. Você fraqueja. Mas conserve a fé.

O ataque é grave. Você reage. Mas esqueça a ofensa.

O orgulho é grande. Você se frustra. Mas tenha humildade.

A agressão é dolorosa. Você se revolta. Mas utilize o perdão.

O egoísmo é tirânico. Você se desanima. Mas faça a caridade.

O ódio é deprimente. Você se perturba. Mas lembre-se do amor.

❧

Não edifique seus ideais sobre a areia instável dos

Vivendo o Evangelho ❧ 79

interesses mundanos, mas construa sua vida sobre o alicerce firme dos ensinamentos de Jesus.

O Evangelho é a rocha. Você, a casa.

231 - *Outra coisa*

Cap. XVIII – 10 a 12

Você não acha difícil utilizar os recursos que tem.

❧

Dinheiro.
É fácil gastar.

Cultura.
É nobre ensinar.

Talento.
É útil revelar.

Beleza.
É natural exibir.

Arte.
É certo expor.

Roupa.
É moda variar.

Dicção.
É simples falar.

Elegância.
É bom mostrar.

Argumento.
É normal discutir.

Hospitalidade.
É alegria receber.

❧

Ao lado de muitas coisas que possui, tem também razoável conhecimento do Evangelho. Mas, aí, é outra coisa. Você acha difícil praticar.

232 - *Para compreender*

Cap. XVIII – 13 a 15

Você tem como ser fraterno, mas está distante da fraternidade.

❧

Tem pão, mas não se importa com o faminto.

Tem roupa, mas não liga à nudez do irmão.

Tem agasalho, mas não se abala com o frio no casebre.

Vivendo o Evangelho ❧ 81

Tem casa, mas não se interessa pelo desabrigado.

Tem saúde, mas não auxilia o doente pobre.

Tem conhecimento, mas não se dispõe a ensinar.

Tem amigos, mas não alivia a solidão de alguém.

Tem recursos, mas não se empenha a ajudar os outros.

Tem tempo, mas não se dedica à causa nobre.

Tem dinheiro, mas não socorre o necessitado.

❧

É fácil entender a lição de Jesus.

Se você não tem caridade, mesmo o que tem em bens e conquistas pessoais lhe será tirado temporariamente, pela Lei de Causa e Efeito, através das vidas sucessivas, a fim de que, submetido às experiências de dor e privação, você comece a compreender a importância do amor ao próximo.

233 - *Ter e não ter*

Cap. XVIII – 14 e 15

A riqueza te garante tranquilidade, mas sem desprendimento perdes a paz.

A inteligência te garante admiração, mas sem bom senso perdes o apreço.

A autoridade te garante mais poder, mas sem dignidade perdes o respeito.

O talento te garante enorme sucesso, mas sem honradez perdes o prestígio.

O conhecimento te garante influência, mas sem equilíbrio perdes a credibilidade.

O trabalho te garante maior progresso, mas sem eficiência perdes a promoção.

O alimento te garante bem-estar, mas sem moderação perdes a saúde.

A higidez te garante vigor e resistência, mas sem disciplina perdes a competição.

～

Não adianta apenas possuir, é preciso ter o essencial ao Espírito.

A fé te garante a confiança em Deus, mas sem a consciência da renovação íntima perdes a oportunidade da evolução espiritual.

234 - *Conteúdo*

Cap. XVIII – 16

O edifício tem estilo.
É funcional?

Vivendo o Evangelho ～ 83

A casa tem fachada.
É confortável?

O carro tem beleza.
É seguro?

O alimento tem sabor.
É saudável?

O tecido tem estampa.
É resistente?

A estrada tem atrativos.
É transitável?

O livro tem capa atraente.
É instrutivo?

O remédio tem apresentação.
É eficiente?

Aparência não resolve, conteúdo é o que tem importância. Apresente-se como seguidor do Evangelho, mas não esqueça a transformação moral, exemplificando os ensinamentos do Cristo.

O quadro pode ter a moldura mais vistosa, contudo o que importa é a obra de arte que ela contém.

Capítulo XIX

A fé transporta montanhas

235 - *Acredita sempre*

Cap. XIX – 1 e 2

Acredita em tuas possibilidades de transformação, ainda que te pareça difícil;

na humildade,
ainda que te percebas com orgulho;

no entendimento,
ainda que mostres incompreensão;

na esperança,
ainda que te vejas em desespero;

na paciência,
ainda que reveles intolerância;

na coragem,
ainda que tenhas medo;

na bondade,
ainda que te atoles no mal;

no amor,
ainda que namores o ódio;

na brandura,
ainda que ajas com irritação;

no perdão,
ainda que penses em vingança;

na paz,
ainda que te iludas com a violência.

~

Acredita sempre no bem, ainda que não te sintas preparado para ele e esforça-te pela renovação íntima, segundo os ensinamentos do Evangelho, porque é tendo fé sincera e perseverante que, um dia, removerás as montanhas de imperfeições que ainda te separam de Deus.

236 - *Autoconfiança*

Cap. XIX – 3

O cirurgião confia
em sua destreza.

O ladrão que prejudica,
em sua astúcia.

O escritor que escreve,
em seu estilo.

O professor que ensina,
em seu saber.

O hipócrita que disfarça,
em seu cinismo.

Vivendo o Evangelho ~ 87

O mentiroso que engana,
em sua esperteza.

O empresário que realiza,
em sua visão.

O caluniador que destrói,
em sua mentira.

O brutamontes que agride,
em sua violência.

O engenheiro que constrói,
em seu trabalho.

❧

A confiança em si mesmo leva à conquista de objetivos definidos. Entretanto, veja o uso que você faz dela. A chama é útil no fogão, mas na floresta é desastre certo.

237 - *Vencedores*

Cap. XIX – 4 e 5

Os vencedores, no mundo, acreditam nas próprias potencialidades.

❧

Ganham competições.

Eliminam adversários.

Superam obstáculos.

Exercem autoridade.

Vencem guerras.

Ditam a moda.

Inovam as leis.

Galgam posições.

Evoluem as artes.

Formam opiniões.

Atingem objetivos.

Adiantam a ciência.

Fazem o progresso.

Dominam a política.

Conquistam o poder.

～

Contudo, Jesus exemplificou que não basta apenas a convicção das próprias possibilidades. A fé em si mesmo, sem a humildade perante a Providência Divina, é caminho para a presunção.

Ninguém mais do que o Mestre Divino tinha tanto conhecimento, tanta vontade, tanto poder. E, no entanto, ajoelhou-se no Jardim das Oliveiras, aceitando que se cumprisse a vontade do Pai.

Esta é a diferença entre os vitoriosos do mundo e os vencedores de si mesmos.

Vivendo o Evangelho ～ 89

238 - *Fé religiosa*

Cap. XIX – 6

Seja você mesmo a expressão viva da fé religiosa que abraça.

❧

Aja sempre com simplicidade. Fé autêntica não complica.

Não abdique do bom senso. Fé cega despreza a razão.

Não imponha seu ponto de vista. Fé religiosa é assunto pessoal.

Fuja às manifestações ruidosas. Fé sincera dispensa exageros.

Mantenha a espontaneidade. Fé não é cálculo matemático.

Não critique a convicção alheia. Fé dos outros merece respeito.

Evite as discussões acaloradas. Fé deve ser veículo de paz.

Não misture religião com interesses materiais. Fé é patrimônio exclusivo do Espírito.

Não se aproveite da posição religiosa. Fé verdadeira é irmã do desprendimento.

Exemplifique aquilo em que você crê. Fé não é simples expressão teórica.

❧

A fé religiosa é ligação com o Alto, em busca da luz divina que conforta e esclarece, mas não se esqueça de que você é a lâmpada e a claridade dela é problema seu.

239 - *Pergunta e resposta*

Cap. XIX – 7

Não há dúvida de que a fé é importante em qualquer circunstância.

❧

Consolida a vontade.
Alimenta a esperança.
Sustenta a coragem.
Nutre a caridade.
Cristaliza a paz.
Eleva o ânimo.
Edifica o bem.
Leva à calma.
Facilita o perdão.
Constrói o amor.
Conduz à paciência.
Estimula o trabalho.
Fortifica a resignação.
Fortalece a humildade.
Alicerça a benevolência.
Promove o entendimento.

❧

Vivendo o Evangelho ❧ 91

Entretanto, sendo a confiança na Providência Divina tão benéfica, pergunta-se o por quê de tanta descrença. A resposta é simples, pois a fé em Deus faz de todos irmãos entre si, é caminho para a solidariedade. E aí está o problema: o egoísmo não permite.

240 - *Prece e fé*

Cap. XIX – 8 e 9

Boca ferina.

Cabeça vazia.

Braços inertes.

Língua leviana.

Pés preguiçosos.

Dedos paralisados.

Olhos irreverentes.

Mãos desocupadas.

Pernas acomodadas.

Ouvidos maliciosos.

❧

Tanto quanto o arbusto estéril, tudo isso é inútil, porque não promove qualquer benefício.

Contudo, se cultivares a prece sincera que busca a inspiração do Alto e tiveres a fé inabalável que crê no amparo divino, então poderás transformar, dentro de ti, a figueira estéril e seca em árvore generosa e viva, carregada de frutos do bem.

241 - *Tudo isso*

Cap. XIX – 8 e 9

Entendimento.
Inteligência.
Autoridade.
Dinheiro.
Influência.
Inspiração.
Prestígio.
Cultura.
Poder.
Fé.
Saúde.
Talento.
Habilidade.
Bom senso.
Sentimento.
Eloquência.
Experiência.
Conhecimento.

Tudo isso é ocasião de fazer o bem.

Contudo, se você não quiser, com certeza vai lamentar a oportunidade perdida.

242 - *Realmente*

Cap. XIX – 8 e 10

Existe realmente alguma semelhança entre a árvore sadia e o médium responsável.

❧

A árvore precisa do sol.
O médium se ilumina na oração.

A árvore é agredida.
O médium é alvo de ataques.

A árvore renova a folhagem.
O médium melhora o interior.

A árvore se fortalece.
O médium se prepara.

A árvore suporta o mau tempo.
O médium passa por humilhações.

A árvore é resistente.
O médium tem fé.

A árvore se desenvolve.
O médium estuda.

A árvore sofre a poda.
O médium sujeita-se à disciplina.

A árvore se mantém.
O médium trabalha.

A árvore cresce.
O médium evolui.

A árvore se defende dos parasitas.
O médium se protege na vigilância.

A árvore retira da terra o alimento necessário para produzir.

Quanto ao médium, os frutos serão bons, quando suas raízes se estenderem sobre o amor e a caridade, a honradez e a dedicação, nutrindo-se do Evangelho de Jesus.

243 - *Caminho do Bem*

Cap. XIX – 11

O mundo está conturbado por acontecimentos dolorosos.

Libertinagem.
Vícios.
Corrupção.
Guerras.
Estupros.
Atentados.
Assaltos.
Sequestros.
Chacinas.
Terrorismo.
Tiroteios.
Prostituição.
Torturas.
Assassinatos.
Violência.
Linchamentos.

É lamentável que ainda existam tantas tragédias, mas a Doutrina Espírita esclarece que a evolução moral é responsabilidade de cada um, através do aperfeiçoamento íntimo, segundo os ensinamentos do Evangelho.

Por isso, sustente a fé em Deus, a fim de que não lhe faltem a esperança e a caridade, suficientes para você enxergar no malfeitor de hoje o irmão predestinado a encontrar amanhã a paz e o amor no caminho do bem.

244 - *Fé em Deus*

Cap. XIX – 12

O mundo está repleto de pessoas de fé que acreditam no que pensam e fazem.

❧

No trabalho
    e são empreendedores.

Na inspiração
    e são artistas de talento.

Na lei para todos
    e são paladinos da justiça.

Na coragem
    e são heróis reconhecidos.

No poder
    e são governantes ilustres.

No conhecimento
    e são expoentes da cultura.

Na riqueza
    e são líderes do progresso.

Nas ideias
    e são ideólogos de respeito.

Vivendo o Evangelho

Na ciência
e são cientistas de prestígio.

Na paz
e são pacificadores eméritos.

❦

Cidadãos de destaque, atuam sob os aplausos de todos, pela confiança que demonstram em si próprios e nas causas que abraçam.

Contudo, os que também acreditam em si mesmos, mas com humildade depositam sua fé no bem que procede do Alto, esses compreenderam Jesus e auxiliam o Mestre Divino na implantação do Reino de Deus entre os homens.

Capítulo XX

Os trabalhadores da última hora

245 - *Primeiros e últimos*

Cap. XX – 1

A fonte é o princípio do regato. O regato torna-se rio. O rio deságua no mar.

O mar, porém, não desmerece o valor da fonte.

A semente é o princípio do arbusto. O arbusto torna-se planta. A planta dá frutos.

O fruto, porém, não desmerece o valor da semente.

A árvore é o princípio da tora. A tora torna-se madeira. A madeira vira móvel.

O móvel, porém, não desmerece o valor da árvore.

A pedra é o princípio do mármore. O mármore torna-se bloco. O bloco transforma-se em escultura.

A escultura, porém, não desmerece o valor da pedra.

A argila é o princípio do barro. O barro torna-se cerâmica. A cerâmica é obra de arte.

A obra de arte, porém, não desmerece o valor da argila.

❧

Nos caminhos da Natureza, os primeiros e os

últimos estão perfeitamente integrados, edificando a harmonia da vida.

Na vinha do Senhor acontece o mesmo. Quando afirmou que os últimos serão os primeiros e os primeiros serão os últimos, Jesus na verdade dizia que o mérito do bem é igual para todos, não importando o grau de evolução de cada um.

O que complica, porém, é o egoísmo de muitos e a dificuldade de uns para aceitar os outros.

246 - *Agora ou depois*

Cap. XX – 2

A fonte.
E o mar.

A farinha.
E o pão.

A areia.
E o vidro.

A nuvem.
E a chuva.

A fibra.
E o papel.

O fio.
E o tecido.

Vivendo o Evangelho

A semente.
E o fruto.

A madeira.
E o móvel.

O couro.
E o calçado.

O alicerce.
E o telhado.

A usina.
E a lâmpada.

O carvão.
E o diamante.

O barro.
E a cerâmica.

A pedra.
E a escultura.

A lã.
E o agasalho.

Tudo tem sua utilidade, agora ou depois.

Da mesma forma, na seara do Cristo, não faz diferença se há primeiros e últimos, porque o bem não tem começo, nem fim. Quando vem antes, permanece para sempre. Se vem depois, volta no tempo, corrige os erros e elimina o mal.

247 - *Últimos e primeiros*

Cap. XX – 3

Na linguagem do Evangelho, os últimos que serão os primeiros são aqueles que se entregam ao esforço da renovação íntima.

❧

Não injuriam,
nem exigem.

Não agridem,
nem invejam.

Não disputam,
nem ironizam.

Não humilham,
nem impõem.

Não obrigam,
nem violentam.

Não mentem,
nem guerreiam.

Não desdenham,
nem enganam.

Não oprimem,
nem desprezam.

Vivendo o Evangelho ❧ 103

Não exploram,
nem trapaceiam.

Não odeiam,
nem se envaidecem.

❧

No conceito do mundo, é provável que pareçam fracos, inexpressivos e derrotados.

Na verdade, porém, são os que venceram a si mesmos e seguem, com amor e renúncia, os passos de Jesus que, um dia, foi considerado o último pela cegueira de César, mas que realmente sempre foi o primeiro aos olhos de Deus.

248 - *Não adianta*

Cap. XX – 4

A difusão do Espiritismo, revivendo as lições da Boa Nova, é mais do que simples explanação teórica.

❧

Não adianta eloquência, se falta modéstia.

Não adianta palavra fácil, se falta humildade.

Não adianta verbo brilhante, se falta paciência.

Não adianta página instrutiva, se falta tolerância.

Não adianta livro precioso, se falta compreensão.

Não adianta discurso convincente, se falta fé.

Não adianta narrativa tocante, se falta esperança.

Não adianta poesia, se falta sentimento nobre.

Não adianta ensinamento, se falta caridade.

Não adianta cultura, se falta amor.

❦

Jesus alicerçou o Evangelho na prática do bem.

Realmente, não adianta a pregação, se falta o exemplo.

249 - *Missão espírita*

Cap. XX – 4

O orgulho te fascina? Resolve com a humildade.

A mágoa te acompanha? Soluciona com a misericórdia.

A irritação te consome? Dá um jeito com a calma.

A intolerância te arrasta? Procura a bonança da indulgência.

A incompreensão te agride? Caminha atrás do entendimento.

O egoísmo te domina? Faz o exercício da caridade.

A impertinência te aflige? Busca o alívio da paz.

A vingança te persegue? Usa a barreira do perdão.

A inveja te corrói? Neutraliza com o antídoto da fraternidade.

O ódio te tortura? Liberta tuas possibilidades de amor.

≈

Claro que é muito importante difundir o Espiritismo. Contudo, a primeira missão do espírita é a própria transformação moral.

Isto significa que podes ajudar o próximo, ensinando o Evangelho, a reencarnação e a vida espiritual, mas não estás livre da obrigação de exemplificar o que conheces, a fim de que tua palavra não seja apenas um discurso brilhante e vazio.

250 - *Missão intransferível*

Cap. XX – 4

Divulgue a Doutrina Espírita, mas não se enrede nas teias do fanatismo.

≈

Ensine a reencarnação, mas não se escravize às revelações de vidas passadas.

106 ≈ *Antônio Baduy Filho / André Luiz*

Explique a mediunidade, mas não reduza os acontecimentos a simples mediunismo.

Discorra sobre a vida espiritual, mas não se esqueça de que ainda está no corpo.

Discuta e argumente, mas não imponha seu ponto de vista a ninguém.

Fale sobre temas doutrinários, mas não transforme o assunto em tortura para os outros.

Apregoe sua fé, mas não agrida a crença alheia.

Saliente a reforma íntima, mas não assuma a postura de censor dos costumes.

Exalte a caridade, mas não condene os que ainda se distanciam dela.

Esclareça e console na ocasião infeliz, mas não seja impertinente.

Converse entre amigos, mas reconheça a hora e o lugar certos, evitando constrangimentos.

~

A Doutrina Espírita liberta para o conhecimento superior, exortando ao exercício do bem, segundo o Evangelho de Jesus.

Estude sempre, mude para melhor, pratique as lições aprendidas e divulgue o ensinamento dos Espíritos, assumindo aquela missão intransferível, segundo a qual a melhor propaganda do Espiritismo é a transformação moral do espírita.

Vivendo o Evangelho

251 - *Proposta espírita*

Cap. XX – 4

Fé raciocinada, transformação moral, fidelidade ao Evangelho de Jesus. A proposta espírita é clara e objetiva, razão pela qual o Espiritismo não pactua com

experimentações aventureiras,
solução de conflitos amorosos,
mistura de práticas religiosas,
interpretações personalistas,
movimentos ideológicos,
interesses imediatistas,
teorias mirabolantes,
promessas de cura,
misticismo cego,
sortilégios,
superstições,
leituras de sorte,
acerto de negócios,
associações políticas,
exibicionismo mediúnico,
garantia de vantagens materiais,
curiosidade sobre vidas passadas,
arranjo para dificuldades financeiras.

O espírita que, comprometido com a atividade doutrinária, ainda se liga a essas situações, na verdade se transviou do caminho.

252 - *Perguntas incômodas*

Cap. XX – 5

Qual é sua conduta no grupo assistencial?

❧

Revolta -
com o sucesso da ideia alheia?

Irritação -
com o desempenho do colega?

Inveja -
das iniciativas do companheiro?

Crítica -
sistemática e destrutiva ao trabalho?

Barreira -
à aproximação de novos cooperadores?

Recusa -
a partilhar tarefas com os demais irmãos?

Indiferença -
para com a sobrecarga súbita de tarefas?

Obstáculo -
ao planejamento de maior assistência?

Domínio -
exclusivo da atividade socorrista?

Presença -
personalista em todos os setores?

Azedume -
à sua volta durante a assistência?

❧

Vivendo o Evangelho ❧ 109

A resposta afirmativa a qualquer dessas perguntas significa que você, embora se considere colaborador nas tarefas de auxílio ao próximo, na verdade é embaraço à realização do bem em favor de todos.

253 - *Companheiros difíceis*

Cap. XX – 5

Na seara do Cristo, também existem os companheiros difíceis.

❦

Não cumprem as obrigações, mas exigem o esforço dos outros.

Colaboram na assistência, mas semeiam conflitos.

Ajudam em campanhas beneficentes, mas desrespeitam doadores.

Assumem responsabilidades, mas nem sempre aparecem.

Recusam cargos de direção, mas criticam os dirigentes.

Escolhem as próprias tarefas, mas nunca estão satisfeitos.

Frequentam reuniões, mas discutem por qualquer coisa.

São pródigos em palpites, mas não aceitam a opinião alheia.

Apregoam gestos de solidariedade, mas competem no serviço.

Apontam providências, mas fogem das decisões.

❧

Diante desses companheiros, exercite sempre a tolerância, perdoando-lhes as alfinetadas e, para que a obra do Senhor não sofra prejuízos, prossiga trabalhando e servindo, à semelhança da laranja que cresce, madura e serve, convivendo com os espinhos da laranjeira.

254 - *Não interessa*

Cap. XX – 5

Não se deixe seduzir pela falsa noção de honra ferida.

❧

Provocação?
Não responda.

Ofensa?
Perdoe.

Vivendo o Evangelho ❧ 111

Desrespeito?
Desculpe.

Calúnia?
Não ligue.

Sarcasmo?
Não ouça.

Grosseria?
Releve.

Agressão?
Não revide.

Intriga?
Esqueça.

Indiferença?
Entenda.

Menosprezo?
Vá em frente.

Paute sua conduta pelos critérios do Evangelho.
Não interessa se o mundo arrogante vai classificá-lo entre os últimos, mas que na opinião de Jesus você esteja entre os primeiros.

Capítulo XXI

Haverá falsos Cristos e falsos profetas

255 - *A árvore e o fruto*

Cap. XXI – 1 a 3

Você ainda tem defeitos, mas vez por outra já é instrumento de boa ação.

❦

É colérico,
mas já distribui a paz.

É irritado,
mas já demonstra paciência.

É egoísta,
mas já se interessa pela caridade.

É arrogante,
mas já se conduz com humildade.

É invejoso,
mas já promove a solidariedade.

É aflito,
mas já alimenta uma esperança.

É ressentido,
mas já se propõe ao perdão.

É odiento,
mas já vivencia o amor.

❦

Não espere a perfeição para fazer o bem, observando que Jesus não se referiu à árvore perfeita, mas àquela que dá bons frutos, como a laranjeira carregada de laranjas doces, embora seus galhos estejam revestidos de espinhos.

256 - *Trote*

Cap. XXI – 2 e 7

Atente no conteúdo do que você pede como orientação espiritual.

&

Negócio?
Consultor esclarece.

Dinheiro?
Trabalho resolve.

Profissão?
Você escolhe.

Namoro?
Decisão sua.

Viagem?
Você sabe.

Casamento?
Assunto seu.

Doença?
Médico cuida.

Família?
Tolerância ajuda.

Vida?
Evangelho ensina.

Separação?
Bom senso orienta.

❧

O trote, aplicado por Espíritos enganadores, é quase sempre a resposta do mundo espiritual às questões que você mesmo pode solucionar.

257 - *Falsos profetas*

Cap. XXI – 3 a 5

Existem aqueles que, em nome do Cristo, fazem toda espécie de promessas.

❧

116 ❧ *Antônio Baduy Filho / André Luiz*

Riqueza fácil.

Salvação eterna.

Curas impossíveis.

Casamento perfeito.

Prestígio na profissão.

Prosperidade material.

Felicidade garantida.

Negócios em alta.

Sucesso na vida.

Poder pessoal.

❧

O Evangelho é roteiro luminoso para a felicidade íntima, mas esses falsos profetas, desejosos de agradar aqueles que os ouvem, esquecem que Jesus deixou claro que a vitória mais importante é o triunfo sobre a própria imperfeição e o bem mais autêntico é o que se alcança, fazendo o bem aos outros.

258 - *Influência espiritual*

Cap. XXI – 6 e 7

Como acontece no mundo corpóreo, no outro lado da vida também existem inúmeras opiniões à sua volta e sugestões alcançam-lhe a mente sob a forma de ideias e impulsos.

❧

Amor ou ódio.

Descrença ou fé.

Preguiça ou trabalho.

Fraqueza ou coragem.

Violência ou brandura.

Comodismo ou esforço.

Intolerância ou compreensão.

Desespero ou esperança.

Desânimo ou otimismo.

Vingança ou perdão.

Cólera ou paciência.

Aflição ou calma.

❧

É claro que o caminho a seguir depende de você, mas não esqueça a recomendação do Apóstolo João e analise sempre se esta ideia ou aquele impulso estão de acordo com as lições do Evangelho.

259 - *Mensageiro de Deus*

Cap. XXI – 8

O mensageiro de Deus é

paciente,
mas não inativo;

humilde,
    mas não inseguro;

convicto,
    mas não fanático;

simples,
    mas não ignorante;

capaz,
    mas não orgulhoso;

firme,
    mas não intolerante;

calmo,
    mas não acomodado;

ousado,
    mas não inconsequente;

corajoso,
    mas não aventureiro;

justo,
    mas não implacável;

confiante,
    mas não fantasista;

enérgico,
    mas não violento;

consciente,
    mas não vaidoso;

pacífico,
    mas não omisso;

Vivendo o Evangelho

clemente,
mas não fraco.

Muitos se apresentam como porta-vozes da palavra divina.

Contudo, é fácil reconhecer, entre eles, o autêntico mensageiro de Deus, pois ele não apenas ensina o bem, mas faz.

260 - *Impostores de hoje*

Cap. XXI – 9

Em todas as épocas existiram os falsos profetas, acenando com novas revelações em nome de Deus. Na atualidade, porém, tais impostores estão camuflados nos meios religiosos, semeando dúvida e confusão.

❧

Aparentam humildade, mas tiranizam seus seguidores.

Falam de misericórdia, mas aterrorizam com punições aflitivas e eternas.

Referem-se à tolerância, mas perseguem outras crenças.

Anunciam os benefícios da compreensão, mas são inacessíveis ao entendimento.

Pregam a modéstia, mas cercam-se de todas as pompas.

Proclamam a caridade, mas são implacáveis na condenação.

Alardeiam desprendimento, mas exigem contribuições no exercício da fé.

Apregoam o amor, mas discriminam os que pensam de maneira diversa.

Defendem o perdão, mas cultivam o rancor aos adversários.

Exaltam a fraternidade, mas agem com personalismo.

〜

Diante deles, que ainda se prendem às teias da vaidade e se impõem aos incautos, use o bom senso e a vigilância, entendendo que esses falsos profetas de hoje, embora se digam enviados de Deus, na verdade não passam de enganadores de si mesmos, enganando os outros.

261 - *Porta-voz*

Cap. XXI – 10

Além da impostura explícita, através de médiuns invigilantes, os falsos profetas da erraticidade também atuam indiretamente, influenciando irmãos

Vivendo o Evangelho 〜 121

desprevenidos que acabam se tornando agentes de confusão e desarmonia.

❦

Semeiam a desconfiança entre os companheiros.

Confundem interesses pessoais com os projetos do grupo.

Levam a política partidária para dentro da instituição.

Misturam convicções próprias aos princípios doutrinários.

Sugerem práticas estranhas nas reuniões rotineiras.

Defendem pontos de vista contrários ao bom senso.

Elegem a questiúncula como objeto de polêmica.

Desprezam a disciplina nas atividades comuns.

Desrespeitam as decisões de diretores responsáveis.

Desconhecem de propósito as regras de solidariedade.

Promovem a intriga e o conflito.

❦

Busque com dedicação e sinceridade o estudo e o discernimento, a oração e a vigilância, para que você resista ao ataque sutil de Espíritos hipócritas e enganadores.

O maior problema não é a existência de falsos profetas no mundo espiritual, mas a presença de alguém, no grupo de trabalho, que lhes sirva de porta-voz.

122 ❦ *Antônio Baduy Filho / André Luiz*

262 - *Falsos espíritas*

Cap. XXI – 10

O processo de sintonia mental não se restringe apenas à atividade mediúnica, mas é acontecimento comum na vida diária.

Em razão disso, o espírita sem compromisso com a mediunidade também está sujeito à influência enganadora dos falsos profetas do mundo espiritual, atuando com desenvoltura no meio doutrinário.

～

Dominam as reuniões de estudo. E são prepotentes.

Escrevem em jornais. E desacatam companheiros.

Publicam livros. E difundem ideias perturbadoras.

Tumultuam as assembleias. E sentem-se donos da verdade.

Atacam as instituições. E pregam dissidências.

Discordam do serviço assistencial. E criticam o esforço fraterno.

Discutem com hostilidade. E não aceitam contestação.

Alardeiam ideias reformistas. E agridem a Codificação Espírita.

～

Vivendo o Evangelho ～ 123

É importante manter vigilância sobre o campo mental, para não ser instrumento da mentira e da intolerância.

Os falsos profetas do Espaço existem realmente. Pior do que isso, porém, é a submissão a eles, transformando companheiros incautos em falsos espíritas da Terra.

263 - *Fontes luminosas*

Cap. XXI – 11

Assim como houve, no passado, os profetas que falavam por si mesmos, distantes da inspiração divina, hoje existem aqueles que são espíritas a seu modo, longe dos ensinamentos da Codificação Kardequiana.

Embora se apresentem como seguidores autênticos, não respeitam os princípios doutrinários, passando falsa ideia do Espiritismo.

❧

Erguem instituições com nome espírita, mas enxertam outras práticas religiosas.

Organizam e dirigem reuniões doutrinárias, mas são adeptos do símbolo e do ritualismo.

Dispõem-se a intermediar a ajuda espiritual, mas agregam ao passe a encenação inútil.

Proferem palestras e preces em público, mas abusam da modulação de voz.

Defendem o bom senso e a fé raciocinada, mas se entregam a atitudes supersticiosas.

Praticam a beneficência aos necessitados, mas faltam com a caridade aos companheiros.

Prescrevem a solidariedade no grupo, mas não renunciam ao personalismo.

Exercem a mediunidade com desenvoltura, mas não a submetem à análise criteriosa.

São pródigos em discursos e publicações, mas avaros em discernimento e qualidade.

Exaltam a fraternidade nas tribunas, mas armam intrigas nos bastidores.

❧

Aparecem como representantes da Doutrina Espírita e até manejam as palavras com brilho e destreza, mas falam por si mesmos, sem a legitimidade dos fundamentos doutrinários, assemelhando-se às fontes luminosas, que encantam pelo espetáculo de luz e cores, mas cuja água, saturada de impurezas, não convém ao uso.

Capítulo XXII

Não separeis o que Deus juntou

264 - *Casamento*

Cap. XXII – 1 a 4

O casamento tem pressupostos que devem ser entendidos em seu significado real.

Respeito -
não é terror.

Paciência -
não é inércia

Humildade -
não é adulação.

Compromisso -
não é cativeiro.

Solidariedade -
não é conivência.

Tolerância -
não é indiferença.

Atração física -
não é obsessão sexual.

Responsabilidade -
não é tirania.

Liberdade -
não é devassidão.

Opinião própria -
   não é egoísmo.

Zelo -
   não é exigência.

Afinidade -
   não é sujeição.

Amor -
   não é paixão.

De acordo com a Lei Divina, a união conjugal dispensa preconceitos e conveniências, motivo pelo qual o casamento sem afeto não é união de verdade. É engano predestinado ao fracasso.

265 - *Uniões conflitivas*

Cap. XXII – 1 a 4

Carinho.
E aspereza.

Dedicação.
E indiferença.

Gentileza.
E agressividade.

Entendimento.
E discussão.

Renúncia.
E tirania.

Bondade.
E intolerância.

Sacrifício.
E abuso.

Desprendimento.
E egoísmo.

Paz.
E desatino.

Ternura.
E grosseria.

Responsabilidade.
E descaso.

~

Sentimentos contraditórios estão presentes nas uniões conflitivas e indicam que o reajuste de antigas diferenças se processa na intimidade do lar, exigindo de cada um a compreensão do próprio dever e a perseverança no bem.

Nessas uniões, onde a reencarnação coloca debaixo do mesmo teto os companheiros de outras vidas que ainda vacilam entre a afinidade e o conflito, o clima é de calma e amor, mas sujeito às tempestades do orgulho.

266 - *Casamento difícil*

Cap. XXII – 1 a 4

Imaginaste o casamento apenas um recanto de venturas e cultivaste, nos canteiros da alegria juvenil, o jardim de emoções fascinantes.

Namoraste com encantamento.

Noivaste com ternura.

Acariciaste a felicidade de cada dia.

Planejaste a família ideal.

Impregnaste de carinho cada olhar, cada gesto, cada palavra.

E, no embalo das promessas mais legítimas, alcançaste as núpcias e transformaste as horas compartilhadas em canções sublimes de amor e júbilo.

Contudo, o encanto de outros tempos foi, pouco a pouco, cedendo espaço à realidade dos compromissos.

Chegaram os filhos.

Aumentaram as preocupações.

Cresceram as dificuldades.

E, na turbulência dos temperamentos diferentes, acentuados pela intimidade constante, revelaram-se os problemas da convivência.

Não só gentilezas, mas também grosserias.

Não só expressões amorosas, mas igualmente impropérios.

As carícias tornaram-se com frequência agressões.

A conversa suave do fim do dia converteu-se na discussão interminável.

E o doce convívio de outras épocas deteriorou-se no azedume e na indiferença.

Entretanto, embora as tribulações angustiantes, ainda amas o companheiro que elegeste para toda a vida e percebes que ele, apesar do comportamento estranho, também te dedica afeição e não cogita afastar-se de tua presença amiga e afável.

❧

Perante um casamento assim tão difícil, tem paciência e lembra-te da Doutrina Espírita, que ensina a reencarnação.

Agressores dos sentimentos nobres, os Espíritos devedores entre si retornam ao corpo físico, no compromisso matrimonial, para os reajustes necessários ao equilíbrio do coração. As dificuldades variam de natureza e grau, mas estão sempre presentes, refletindo nas relações de hoje os enganos de ontem.

Diante delas, pois, não te revoltes, nem te entregues ao desespero. Claro que tens a liberdade de desistir e buscar outros rumos.

Entretanto, se tua consciência pede para ficar, roga a Jesus te dê força e coragem para prosseguires no resgate dessas dívidas, recordando que o Divino Mestre, ao referir-se à persistência na fé e no bem, afirmou:

– Aquele que perseverar até o fim, este será salvo.

267 - *Casamento e sexo*

Cap. XXII – 1 a 4

Casamentos fracassam quando a escolha do companheiro se apoia exclusivamente nos critérios de satisfação física.

❧

Beleza -
mas a beleza passa.

Corpo -
mas o corpo se altera.

Vigor -
mas o vigor tende a acabar.

Novidade -
mas a novidade envelhece.

Prazer -
mas o prazer sexual declina.

Interesse -
mas o interesse é volúvel.

Atração -
mas a atração muda.

Desejo -
mas o desejo varia.

❧

Vivendo o Evangelho ❧ 133

Sexo tem seu lugar no casamento, mas convém não confundi-lo com afeição.

A união que se alicerça no afeto claro e seguro, apoiado na reciprocidade da compreensão e do respeito, tem a dimensão do amor que é eterno. Contudo, a união que se sustenta apenas do prazer físico é precária como o próprio sexo.

268 - *Rejeição*

Cap. XXII – 1 a 4

Você valoriza papéis e documentos que fazem parte de sua vida.

Certidão de nascimento.
Precisa.

Cartela de vacinação.
Mantém.

Boletim de escola.
Guarda.

Ação de clube.
Quer.

Passaporte.
Mostra.

Certificado militar.
Necessita.

Cartão de crédito.
Deseja.

Carteira de trabalho.
Exige.

Título de homenagem.
Exibe.

Registro de identidade.
Faz questão.

∼

Você se importa com esses documentos a vida inteira. Contudo, embora sua união esteja alicerçada no amor, você diz que papel não adianta e rejeita a certidão de casamento.

269 - *Casamento responsável*

Cap. XXII – 1 a 4

É lógico que existe amor no casamento, quando marido e mulher assumem objetivos comuns, mas há também dificuldades, cujas raízes remontam às ocorrências do passado. Desajustes, dúvidas, fracassos e

Vivendo o Evangelho ∼ 135

pendências ressurgem nos relacionamentos atuais, da mesma forma que companheiros do pretérito, comprometidos com o casal, retornam ao novo lar na condição de filhos e parentes.

Por isso mesmo, na união responsável, onde afeto e desafeto convivem, o amor se manifesta de muitas maneiras.

Respeito.

Educação.

Afinidade.

Harmonia.

Gentileza.

Sacrifício.

Renúncia.

Paciência.

Tolerância.

Compreensão.

Solidariedade.

Confiança.

Apoio.

Estímulo.

Devotamento.

Abnegação.

Fidelidade.

❧

Esses múltiplos aspectos do amor revelam na essência que cada um está capacitado a mobilizar o tanto de afeição que possui em benefício do outro, embora as diferenças do passado, na forma de cobranças e atritos, ainda estejam presentes na relação atual.

Nas condições evolutivas de hoje é fantasia imaginar que, em qualquer união estável, o amor seja puro, constante e total, ainda que este seja o argumento para interromper o compromisso.

O casamento responsável reúne o amor cultivado na esteira dos séculos e as dívidas acumuladas em vidas pretéritas, de tal modo que já é sucesso o fato de cada cônjuge, rompendo a barreira do egoísmo e do orgulho, pensar no outro tanto quanto pensa em si mesmo.

270 - *Divórcio*

Cap. XXII – 1 e 5

Há situações que sinalizam a fratura do relacionamento conjugal.

Agressão.

Ameaça.

Negligência.

Leviandade.

Desprezo.

Abandono.

Indiferença.

Vivendo o Evangelho 137

Humilhação.
Zombaria.
Despotismo.
Crueldade.
Tortura.
Desrespeito.
Violência.
Descaso.

Com certeza, estas situações e outras de igual gravidade justificam o divórcio que, na expressão feliz de Allan Kardec, apenas separa legalmente o que de fato já está separado.

Contudo, diante do casamento em crise e do desejo de separação, examina atentamente teus motivos e sentimentos, a fim de que não faltes com a verdade ao juiz, mas também não mintas à própria consciência.

271 - *Primeiro*

Cap. XXII – 1 e 5

Há situações que levam ao fracasso do casamento, pelas dificuldades que criam no relacionamento a dois.

Marido tirânico -
ambiente tenso.

Esposa negligente -
descontrole no lar.

Marido agressivo -
terror doméstico.

Esposa possessiva -
relação sufocante.

Marido ciumento -
prejuízo da paz.

Esposa competitiva -
clima de conflito.

Marido irresponsável -
insegurança na família.

Esposa indiferente -
desequilíbrio afetivo.

Marido aventureiro -
mágoa na convivência.

Esposa frívola -
confusão em casa.

O interessado na separação argumenta que o amor ao parceiro acabou, mas a realidade é que, pela falta de respeito próprio e ao compromisso assumido, o agente da discórdia conjugal acabou primeiro com o amor a si mesmo.

272 - *Separação inevitável*

Cap. XXII – 1 e 5

A separação torna-se inevitável, quando o casal toma atitudes que impedem de vez qualquer entendimento.

❧

Não conhece a tolerância e os atritos são frequentes.

Cultiva as questiúnculas e as discussões se repetem.

Não considera o respeito e os impropérios se multiplicam.

Une-se pelo interesse material e o cálculo substitui o afeto.

Não valoriza a paz da compreensão e o desentendimento se prolonga.

Resvala na agressão física e a brutalidade se evidencia.

Não evita o ciúme doentio e a desconfiança se instala.

Destrói a harmonia do lar e a educação dos filhos desanda.

Não leva em conta o compromisso e a leviandade acontece.

Joga com a grosseria no trato e torna insuportável a convivência.

❧

Se a relação conjugal fracassa no contexto da reencarnação, quando almas endividadas no passado se comprometem ao reajuste recíproco, o casamento, como a figueira da parábola evangélica, seca até à raiz.

Então, os gravetos ressequidos, que restam dele, acabam inevitavelmente no fogo da separação.

273 - *Cirurgia radical*

Cap. XXII – 1 e 5

Há doenças do casamento que não respondem a tratamento mais brando.

Falta de compostura.
E mau exemplo aos filhos.

Vício incorrigível.
E comportamento hostil.

Abandono do lar.
E desrespeito à família.

Diálogo áspero.
E entendimento difícil.

Atitude ameaçadora.
E risco de vida.

Conduta violenta.
E agressão física.

Desconfiança mútua.
E brigas frequentes.

Gesto leviano.
E desarmonia em casa.

Desvio sexual.
E conflito na intimidade.

Aventura afetiva.
E humilhação ao parceiro.

❧

Como a gangrena que ameaça a vida e exige a amputação, tais circunstâncias revelam enfermidade grave do casamento e, na impossibilidade de qualquer outra solução, levam também à cirurgia radical da separação.

274 - *Resposta*

Cap. XXII – 1 e 5

Namoro espontâneo.
E com alegria.

❧

Noivado firme.
E com esperança.

Casamento decidido.
E com consciência.

Trabalho solidário.
E construção do lar.

Filhos desejados.
E família constituída.

Superação de dificuldades.
E com entendimento.

Divergências ocasionais.
E com respeito.

Sacrifícios recíprocos.
E objetivos comuns.

Passeios em conjunto.
E com prazer.

Vida doméstica.
E com harmonia.

Decisões importantes.
E com responsabilidade.

∽

Você pergunta por que razão casamentos assim começam a não dar certo e, apesar de todos os esforços de paz, acabam em separação.

A resposta é de Jesus, quando afirma: "Por causa da dureza de vossos corações."

275 - *Segue teu caminho*

Cap. XXII – 1 e 5

Escolheste o companheiro de teus sonhos e com ele teceste promessas de amor.

Enxergaste, nos horizontes iluminados da juventude, a aurora da felicidade e cultivaste, no coração saltitante de alegria, as flores mais viçosas da esperança.

Superaste obstáculos. Venceste dificuldades. Vergaste resistências. Adivinhaste em teus passos a ternura da vida a dois e, imaginando o futuro lar como ninho de paz, alimentaste de devaneios o coração sedento de carinho.

Sacrificaste, no altar íntimo de tuas afeições, os próprios caprichos e, de mãos dadas ao eleito de tua alma, selaste o compromisso de união.

❧

Contudo, pouco a pouco, o céu azul e límpido de tuas aspirações inundou-se de nuvens carregadas e aflitivas, trazidas pela dura realidade do dia a dia.

Dúvidas e agressões passaram a fazer parte do cotidiano, levando às lágrimas e ao desconforto.

Perguntas ríspidas, respostas secas e palavras amargas intoxicaram a atmosfera da convivência. De mágoa em mágoa, de ironia em ironia, de desconfiança em desconfiança, de desrespeito em desrespeito, o

144 ❧ *Antônio Baduy Filho / André Luiz*

clima ameno e seguro de outrora tornou-se hostil e ameaçador, fazendo da separação a única solução possível.

☙

É provável que tenhas tentado tudo.

Esqueceste a grosseria. Perdoaste a ameaça. Relevaste a indiferença. Sorriste de novo. E, no entanto, após algum tempo de bonança, a tempestade ressurgiu com violência, castigando-te a alma com dor e aflição.

É verdade que a consciência e o senso de dever te pediram para ficar, mas as circunstâncias críticas te apontaram o afastamento como remédio necessário e amargo, adiando os compromissos assumidos.

☙

Segue, pois, teu caminho com a paz no coração e não condenes o parceiro que faliu, porque ninguém, na trajetória evolutiva, está livre das armadilhas do engano.

Perdoa a ofensa. Esquece a agressão. Persevera na estrada do bem e confia-te à Bondade Divina.

Entretanto, se lembranças impregnadas de ressentimento te levarem à revolta e à condenação, lembra-te da advertência de Jesus:

– Aquele que estiver sem pecado, atire a primeira pedra.

Vivendo o Evangelho ☙ 145

Capítulo XXIII

Moral estranha

276 - *Oportunismo*

Cap. XXIII – 1 a 3

Amor.
E perdão.

Caridade.
E brandura.

Fé.
E esperança.

Firmeza.
E convicção.

Tolerância.
E misericórdia.

Sacrifício.
E solidariedade.

Abnegação.
E devotamento.

Compaixão.
E entendimento.

Humildade.
E benevolência.

Renúncia.
E indulgência.

Obediência.
E resignação.

Dever.
E fidelidade.

Justiça.
E coragem.

❧

Tudo isso Jesus exemplificou e deixou bem claro em seus ensinamentos.

Portanto, aparentes contradições nos textos do Evangelho não têm maior significado, a não ser aos oportunistas que usam uma ou outra imprecisão de linguagem, para colocar em dúvida as lições evangélicas e, assim, fugir do compromisso com a própria consciência no esforço da renovação íntima.

277 - *Amor e apego*

Cap. XXIII – 4 a 6

Não interprete apego como amor.

❧

Amor liberta.
Apego oprime.

Vivendo o Evangelho ❧ 149

Amor edifica.
Apego rebaixa.

Amor convive.
Apego controla.

Amor enaltece.
Apego humilha.

Amor acalma.
Apego aflige.

Amor espera.
Apego impõe.

Amor escuta.
Apego ignora.

Amor pacifica.
Apego inquieta.

Amor renuncia.
Apego ordena.

Amor encoraja.
Apego intimida.

Amor valoriza.
Apego deprecia.

Amor esclarece.
Apego confunde.

Amor se dedica.
Apego se serve.

❧

O Evangelho é escola de amor e se você tem a intenção de seguir Jesus é melhor que abandone o apego e aprenda a amar.

278 - *Coisas mortas*

Cap. XXIII – 7 e 8

A ofensa dói,
    mas com desculpa, acaba.

A agressão fere,
    mas com perdão, termina.

A humilhação deprime,
    mas com esquecimento, cessa.

A ingratidão decepciona,
    mas com entendimento, murcha.

A calúnia golpeia,
    mas com tolerância, definha.

O desprezo abate,
    mas com ânimo, desaparece.

A indiferença magoa,
    mas com paciência, finda.

A ironia machuca,
mas com bondade, some.

❧

Diante do amor, o mal é coisa morta em si mesma.

Por isso, não se deixe envolver pelos contratempos do caminho e prossiga amando e servindo, na certeza de que imperecível mesmo é o bem que você faz.

279 - *Guerra útil*

Cap. XXIII – 9 e 16

Batalhe contra os defeitos que lhe dificultam o esforço de renovação íntima.

❧

Aniquile a inveja.
A solidariedade é que serve.

Elimine a hipocrisia.
A sinceridade é que conta.

Ataque o cinismo.
A honradez é que convém.

Destrua a vaidade.
A modéstia é que vale.

152 ❧ *Antônio Baduy Filho / André Luiz*

Lute contra o egoísmo.
A caridade é que salva.

Expulse a violência.
A calma é que ajuda.

Debele a descrença.
A fé é que protege.

Brigue contra a vindita.
O perdão é que resolve.

Extermine o ódio.
O amor é que constrói.

Destroce a mentira.
A verdade é que defende.

Destrua a intolerância.
A paciência é que socorre.

Derrote a cólera.
A brandura é que interessa.

Combata o orgulho.
A humildade é que importa.

Realmente, tudo isso é ato de guerra contra os inimigos da transformação moral, entrincheirados na intimidade da alma. Contudo, é guerra útil que conduz ao bem e, por isso mesmo, com respeito a ela, não se fala em tratado de paz.

Vivendo o Evangelho ≈ 153

280 - *Intolerância religiosa*

Cap. XXIII – 10 a 13

Ninguém desconhece que Jesus foi exemplo de paz e solidariedade.

❧

Exaltou o amor ao próximo.
Conclamou ao perdão.
Convidou à humildade.
Sustentou a fé em Deus.
Acenou com a esperança.
Enalteceu a caridade.
Proclamou a brandura.
Fortaleceu a tolerância.
Indicou a renúncia.
Defendeu a verdade.
Anunciou o entendimento.
Ensinou a paciência.
Enobreceu o trabalho.
Fortificou a compreensão.
Edificou a fraternidade.
Dignificou o sacrifício.

❧

É natural que, no território do orgulho e do egoísmo, tais ideias despertem reações violentas, razão pela qual o Mestre Divino pagou com a vida a coerência de seus ensinamentos.

Entretanto, o que mais surpreende é que, decorridos mais de dois milênios, ainda hoje ocorram desavenças e injúrias entre os que empunham a bandeira do Evangelho, configurando situações de intolerância religiosa, embora Jesus tenha recomendado aos discípulos, sem qualquer traço de dúvida:

– Amai-vos uns aos outros, como Eu vos amei.

281 - *A maior agressão*

Cap. XXIII – 10, 16 a 18

O Espiritismo suporta os ataques da intolerância religiosa e científica, mas sofre também as agressões de muitos adeptos que lhe negam o testemunho da fidelidade e do exemplo.

Ensinam nas tribunas, mas visam à promoção de si mesmos.

Exibem cultura doutrinária, mas aceitam práticas estranhas.

Pregam o desprendimento, mas defendem os interesses próprios.

Proclamam a paz, mas fermentam as discussões.

Falam em lealdade aos princípios, mas desrespeitam a obra de Kardec.

Assumem a direção de instituições, mas se entregam ao jogo político.

Atuam na mediunidade, mas ultrapassam os limites do bom senso.

Exercem o atendimento ao público, mas sucumbem ao dinheiro e favores.

Exaltam o amor ao próximo, mas desmerecem os companheiros.

Apregoam a fraternidade, mas alimentam conflitos.

❧

A Religião dos Espíritos é o Consolador prometido por Jesus. É natural, pois, que sofra perseguições, como o Cristianismo dos primeiros tempos.

Contudo, a maior agressão nasce do próprio meio doutrinário, quando o espírita acredita que é mais importante do que o Espiritismo.

282 - *Luta íntima*

Cap. XXIII – 14 e 15

À semelhança do Cristianismo, que floresceu sobre as ruínas da decadência pagã, é certo que Jesus te surge no caminho, quando tuas ilusões já se encontram em agonia.

Desejando o sucesso no mundo, construíste teus ideais na esteira do amor-próprio.

Conquistaste bens materiais.

Cultivaste o egoísmo.

Alimentaste a vaidade.

Sucumbiste ao orgulho.

Acumulaste autoridade.

Buscaste o prestígio.

Alcançaste o poder.

Entretanto, após longa convivência com fantasias e devaneios, descobriste que os sonhos de triunfo e reconhecimento foram-se transformando, pouco a pouco, em pesadelos insuportáveis.

A fortuna não te enxugou o pranto da alma.

O egoísmo te fez insensível ao sofrimento alheio.

A vaidade te tornou antipático entre os companheiros.

O orgulho te afastou dos amigos.

A autoridade te obrigou a atitudes inesperadas.

O prestígio te roubou o sossego íntimo.

O poder te premiou com a solidão.

Embora sob a claridade dos holofotes que te exaltam as vitórias sucessivas, sentes nos lábios o gosto amargo da desilusão. Tens a vida repleta de glórias, mas dentro do peito o coração vagueia na escuridão aterradora e vazia.

É nesse momento que, nos horizontes enevoados de tua alma, desponta o sol radioso do Evangelho e Jesus te estende as mãos, suaves e firmes, convidando-te às veredas do bem.

Contudo, apesar do sofrimento que te consome, tens dúvida e dolorosa luta se instala em teu íntimo. Não é fácil sair da avenida larga das facilidades, para entrar na trilha apertada da transformação moral, trocar a paixão possessiva pelo amor que renuncia, substituir a arrogância pela humildade.

Todavia, o Mestre Divino acredita em ti. Ampara-te o esforço. Sustenta-te a coragem. Inspira-te a esperança. E, com indescritível ternura, fortalece-te a fé vacilante, falando a teus ouvidos espirituais:

– Confia em mim; eu sou o Caminho, a Verdade e a Vida.

Capítulo XXIV

Não coloqueis a candeia sob o alqueire

283 - *Consciência espírita*

Cap. XXIV – 1 e 2

Estude,
mas aplique o conhecimento.

Medite,
mas encare a realidade.

Aprenda,
mas tenha iniciativa.

Ensine,
mas pratique a lição.

Esclareça,
mas exemplifique a luz.

Leia,
mas não fique apenas no texto.

Exerça a mediunidade,
mas seja disciplinado e correto.

∽

A consciência espírita é muito mais do que a simples adesão intelectual aos postulados kardequianos.

É proclamar o que pensa, mas acima de tudo fazer o que fala e viver o que prega.

Antônio Baduy Filho / André Luiz

284 - *Qualidade da luz*

Cap. XXIV – 1 e 4

Acredite em Deus, mas não pretenda reduzi-lo a equação teológica.

Respeite toda religião, mas seja coerente com seus princípios.

Admita a mediunidade, mas saiba separar o joio do trigo.

Defenda sua ideia religiosa, mas não faça uso da intolerância.

Fale sobre a vida de Jesus, mas não se esqueça do ensino moral.

Cultive a fé, mas não renuncie ao exercício da razão.

Creia na imortalidade da alma, mas não imagine conhecer tudo da vida espiritual.

Aceite a reencarnação, mas não alimente suposições sobre vidas passadas.

~

É lógico que a candeia deve estar sempre visível, distribuindo a claridade para todos.

Contudo, é muito importante a qualidade da luz, pois há quem mostre a lâmpada do Evangelho e coloque nela a tonalidade que deseja.

Vivendo o Evangelho ~ 161

285 - *Não se esconda*

Cap. XXIV – 1, 5 e 7

Revivendo as lições de Jesus, a Doutrina Espírita clareia os horizontes da vida.

❧

Proclama o amor.
Enaltece o perdão.
Convida à caridade.
Chama ao trabalho útil.
Propõe a compreensão.
Acena com a humildade.
Ensina a paciência.
Apregoa o entendimento.
Exalta a esperança.
Estabelece a paz.
Conduz à fé raciocinada.
Favorece a indulgência.
Recomenda a calma.
Traz o consolo.
Sugere a resignação.
Leva à benevolência.
Constrói a misericórdia.
Promove o bem.

❧

Conhecendo e divulgando os ideais espíritas, você transmite o clarão libertador que orienta e ilumina os passos de quantos lhe ouvem a palavra esclarecedora.

162 ❧ *Antônio Baduy Filho / André Luiz*

O Espiritismo é a luz. Você, a candeia.

Contudo, não se esconda debaixo do discurso vazio. Fale e faça.

286 - *Da mesma forma*

Cap. XXIV – 2, 3 e 6

Ensine o Evangelho, mas exemplifique o ensinamento.

Explique a tolerância, mas tolere o desaforo.

Disserte sobre o amor, mas ame o semelhante.

Discurse sobre a coragem, mas seja forte no momento difícil.

Fale sobre a caridade, mas não deixe de ajudar o próximo.

Esclareça sobre a esperança, mas conserve o ânimo na adversidade.

Discorra sobre a fé, mas confie na Providência Divina.

Exalte o bem, mas exercite a bondade.

Lecione a humildade, mas tente ser humilde.

Jesus disse que ninguém acende uma candeia para lhe tapar a claridade.

Da mesma forma, não esconda o que você sabe. Leia, estude e exponha as lições do Evangelho, certo de que o conhecimento é a candeia, mas o exemplo é a luz.

287 - *Candeia*

Cap. XXIV – 4

Destaque os ensinamentos do Evangelho e se comporte de acordo.

❧

Amor?
Não recuse amar.

Bondade?
Não olvide o bem.

Paciência?
Não se encolerize.

Caridade?
Não seja insensível.

Humildade?
Não enjeite ser humilde.

Brandura?
Não aja com dureza.

Tolerância?
Não fique irritado.

Esperança?
Não se desespere.

❧

Quando explica as lições de Jesus, você é candeia luminosa, esparzindo ensinamentos sublimes, mas se não dá exemplo do que fala, será sempre uma candeia escondida debaixo do alqueire.

288 - *Propaganda eficiente*

Cap. XXIV – 8 a 10

É compreensível que te entusiasmes com a propagação do Espiritismo. Afinal, recebeste da Doutrina Consoladora as revelações que mudaram tua vida.

❧

Conheceste os fundamentos da reencarnação e, a partir daí, passaste a entender melhor as anomalias e desigualdades da vida.

Tiveste contato com a dimensão espiritual, através de vivências próprias ou de experimentos alheios e, desde então, consolidaste a convicção da sobrevivência do espírito à morte do corpo.

Encontraste na mediunidade o veículo de aprendizado e esclarecimentos sobre o mais além e, assim, pudeste obter notícias de amigos e entes queridos que já haviam atravessado as fronteiras do túmulo.

Aprendeste as lições de Jesus, em sua pureza original e, livre do engessamento teológico, descobriste a sabedoria e a beleza da Boa Nova.

Tomaste contato com a Lei de Causa e Efeito na órbita dos fenômenos sócio-econômicos e, desta forma, compreendeste as tragédias e calamidades que infelicitam nações inteiras.

Elegeste o Evangelho por roteiro de vida e, apesar de tuas inúmeras imperfeições, estás consciente da necessidade de renovação íntima.

Soubeste que não existem punições eternas, que cada um é responsável perante a própria consciência, que a dor resgata desvios de outros tempos e, deste modo, colocaste a paz e a esperança no alicerce de tuas realizações.

❧

É natural, pois, que desejes transmitir aos outros a alegria e as luzes que residem em teu coração e que adquiriste ao contato com a Doutrina Espírita.

Entretanto, antes de qualquer programação mais ampla na difusão do Espiritismo, pensa naqueles que estão à tua volta. Na intimidade do lar, na família, no grupo de trabalho, no meio social em que transitas, é provável que tuas palavras sejam sementes de luz, clareando o caminho de quantos mourejam no sofrimento.

Utiliza o conhecimento da reencarnação, perante as idiossincrasias do parente difícil.

Mobiliza a ideia da imortalidade, na ocasião de perda e dor.

Recorda a influência espiritual, diante dos transtornos familiares mais aflitivos.

Aplica os ensinamentos de Jesus nas relações pessoais.

Apesar de trabalho modesto e anônimo, esta é a propaganda mais eficiente, porque traz o selo do exemplo.

É claro que a tribuna é muito mais fascinante, está cercada de holofotes e de aplausos. Contudo, se isso tivesse alguma importância, Jesus não teria nascido em um simples estábulo.

289 - *Médium*

Cap. XXIV – 11 e 12

Mediunidade não é privilégio, é tratamento de antigos desvios do Espírito.

Antes, o guerreiro devastando populações. Agora, o médium curador devolvendo a saúde.

Antes, o ouvinte atento ao fuxico. Agora, o médium audiente transmitindo esperança.

Antes, o bisbilhoteiro da vida alheia. Agora, o médium vidente revelando o mundo espiritual.

Antes, o propagandista da calúnia. Agora, o médium falante a serviço da caridade.

Antes, o escritor disseminando o pessimismo. Agora, o médium escrevente grafando palavras de consolo.

Antes, o enganador do povo. Agora, o médium inspirado na tribuna do bem.

Antes, o médico insensível à necessidade dos outros. Agora, o médium receitista em tarefa humilde.

Antes, o artista induzindo à devassidão. Agora, o médium pintor à procura do equilíbrio.

Antes, o compositor escravizado ao materialismo. Agora, o médium músico compondo acordes de elevada inspiração.

Antes, o irmão hipnotizado pelo egoísmo. Agora, o médium sonambúlico servindo o próximo.

❧

O medianeiro emerge do passado como devedor de multidões e encontra na Doutrina Espírita o caminho com Jesus para o reencontro da paz. Compromisso mediúnico, pois, é medicamento útil e necessário.

Entretanto, o médium desavisado, consumido pela ambição e a vaidade, envereda pela trilha do erro e acaba convertendo o remédio em veneno.

290 - *Fé e fanatismo*

Cap. XXIV – 13 a 16

Fé corajosa não se confunde com fanatismo religioso.

❧

Fé respeita.
Fanatismo desacata.

Fé reergue.
Fanatismo humilha.

Fé expõe.
Fanatismo impõe.

Fé acalma.
Fanatismo irrita.

Fé clareia.
Fanatismo cega.

Fé tolera.
Fanatismo pune.

Fé aceita.
Fanatismo força.

Fé convence.
Fanatismo agride.

Fé pacifica.
Fanatismo tortura.

Fé comove.
Fanatismo assusta.

❧

É grande a diferença entre a coragem da fé e o fanatismo religioso. A fé sofre pela luz que irradia. O fanatismo faz sofrer pela sombra que espalha.

291 - *Servidor do Cristo*

Cap. XXIV – 17 a 19

Na tarefa que assumes, a serviço do Cristo, encontras toda espécie de dificuldades.

❧

Irmãos de fé, insensíveis a tuas necessidades de apoio, tomam outros rumos, deixando-te assoberbado de compromissos e responsabilidades.

Amigos de muitos anos, cientes de teu sacrifício

e dedicação, revelam-se incoerentes, atirando-te ao poço da incerteza e da insegurança.

Companheiros de grupo, testemunhas de tua sinceridade no trabalho digno, assumem atitudes incompreensíveis, desprezando-te a palavra de zelo na obra do Senhor.

Familiares, que compartilham teus ideais de elevação, tornam-se retraídos e reticentes, magoando-te a intimidade.

Em várias ocasiões, os mais próximos carregam nas ironias, duvidam de tuas intenções, exibem interesse aparente e fogem de teu convívio, machucando-te a alma.

❧

Por isso, no calor de tuas lutas, oscilas entre a exaltação e o desânimo.

Servidor do Cristo, teu caminho também é o do Cristo e, como o Senhor, percorres o calvário das contradições, entre os que são leais e os que desertam, os que pelejam e os que são acomodados, os que afirmam e os que negam, os que estão presentes para apoiar e os que se ausentam, entregues às próprias conveniências.

Trabalhador do Evangelho, não terás facilidades no caminho que escolheste.

Um dia, desejaste servir a Jesus e procuraste o Mestre Divino com alegria e esperança, mas Ele, acolhendo-te o coração jubiloso, não deixou de advertir com brandura e firmeza:

– Aquele que deseja me acompanhar, renuncie a si mesmo, tome sua cruz e siga-me.

Vivendo o Evangelho ❧ 171

292 - Tua cruz

Cap. XXIV – 18

Buscaste no Evangelho o recanto de paz a tuas atribulações. Entretanto, ainda agora, vives a amargura de provações dolorosas.

⁓

Acompanhas o sofrimento do familiar mais querido, vitimado pela doença incurável e vertes lágrimas copiosas, vencido pela impotência diante da enfermidade irreversível.

Entretanto, embora o Evangelho te aponte a resignação como o bálsamo de tua angústia , entregaste ao pranto amargo da inconformação.

Acaricias o retrato e os pertences do filho mais amado, cuja presença física a morte te roubou e choras, imobilizado pela violência da separação repentina.

Contudo, ainda que o Evangelho te ensine a lição da imortalidade, pronuncias as palavras ácidas da incompreensão e da revolta.

Observas com tristeza a transformação do amigo mais íntimo, assediado por ideias tirânicas e lamentas a decadência rápida, atônito perante o desastre obsessivo.

No entanto, apesar de que o Evangelho te previna quanto à oração e à vigilância, também te deixas dominar pelas sugestões infelizes do desânimo e da desilusão.

Amparas o vizinho mais próximo, levado à penúria pelas dificuldades do caminho e sofres pela visão da miséria e da dor.

Todavia, conquanto o Evangelho te afague com a brisa da fé e da esperança, sucumbes ao furacão da descrença e do desespero.

❧

Apesar da vacilação nesses momentos tão difíceis, encontraste no Evangelho o refrigério a tuas aflições. Segue, pois os passos do Cristo, mas não imagines que estejas livre da quota de dor e sofrimento no resgate do passado e no preparo da felicidade futura.

É verdade que Jesus disse com clareza que, para segui-lo, renuncies a ti mesmo e tomes a tua cruz.

Contudo, sabes que o Mestre Divino sempre esteve a teu lado e, na hora da provação mais dolorosa, sossegará teu coração assustado, falando com doçura e amor:

– Não tenhas medo. Estou aqui.

Vivendo o Evangelho

Capítulo XXV

Buscai e achareis

293 - *Buscai e achareis*

Cap. XXV – 1 e 2

Ânimo -
nas provações.

Coragem -
nas boas obras.

Paciência -
na dor irreversível.

Esperança -
no momento difícil.

Tolerância -
na convivência familiar.

Renúncia -
no sacrifício indispensável.

Resignação -
na enfermidade crônica.

Disposição -
nas tarefas do bem.

Humildade -
no convívio diário.

Paz -
nas atribulações.

Jesus disse: "Buscai e achareis". Busca, pois, a inspiração do Alto para todas as horas da vida e acharás em tuas atitudes a presença do Evangelho.

294 - *Encontro com Deus*

Cap. XXV – 1 e 2

O que você acha, quando busca a renovação íntima

com coragem -
é o ânimo;

com entendimento -
é a paz;

com esperança -
é o consolo;

com humildade -
é a mansuetude;

com paciência -
é a harmonia;

com trabalho -
é o progresso;

com misericórdia -
é o perdão;

Vivendo o Evangelho ⬿ 177

com caridade -
é o amor;

com fé -
é a resignação;

com tolerância -
é a calma.

❧

Cada um acha o que procura. Contudo, a busca do bem é sempre uma certeza do encontro com Deus.

295 - *Objetivo*

Cap. XXV – 1, 3 e 4

Plante.
E que a semente seja boa.

Fale.
E que a palavra seja sincera.

Escreva.
E que a página seja autêntica.

Argumente.
E que o discurso seja honesto.

Estude.
E que o aprendizado seja útil.

178 ❧ *Antônio Baduy Filho / André Luiz*

Persevere.
E que a conquista seja digna.

Construa.
E que o alicerce seja firme.

Ensine.
E que a lição seja nobre.

≈

Preste atenção ao que você faz e dirija seu esforço para a atividade que se ampare nos ensinamentos de Jesus.

Trabalhe. E que o objetivo seja o bem.

296 - *Pedido e resposta*

Cap. XXV – 1 e 5

Você pede. A resposta, porém, depende de seu concurso.

≈

Conhecimento?
O professor conta com seu esforço.

Saúde?
O médico espera sua colaboração.

Vivendo o Evangelho ≈ 179

Emprego?
O gerente examina seu currículo.

Justiça?
O juiz estuda suas razões.

Promoção?
O chefe analisa seu merecimento.

Desculpa?
O ofendido avalia sua sinceridade.

Empréstimo?
A casa bancária exige sua garantia.

Missão?
O comandante verifica suas credenciais.

Deus atende o pedido de ajuda, mas ela não é percebida se você não faz sua parte, à semelhança do que acontece no circuito elétrico, quando a energia está presente e a luz não aparece, porque a lâmpada está queimada.

297 - Perante Jesus

Cap. XXV – 5

Senhor Jesus!
Somos minúsculos servidores em tua seara

bendita. Entretanto, Mestre Divino, apesar de todo o esforço no bem, ainda trazemos sombras no coração.

❧

Arrastamo-nos na lama do egoísmo.

Respiramos o ar viciado da vaidade.

Mergulhamos no poço falso do orgulho.

Adormecemos na noite escura da vingança.

Dirigimos palavras ásperas ao próximo.

Negamos o verbo de consolo e o gesto de apoio.

Fugimos à disciplina e à responsabilidade.

Entregamo-nos ao destempero e à irritação.

Envolvemo-nos nas intempéries do desespero.

Enredamo-nos no cipoal da dúvida.

❧

Queremos servir-te, Senhor, com a alma pura e a fronte nimbada de luz, mas ainda nos debatemos no charco das ilusões, agarrados aos interesses próprios.

Por isso, Divino Amigo, suplicamos que nos ajudes a te acompanhar na trilha luminosa.

Ampara-nos os passos incipientes na estrada da caridade.

Auxilia-nos a enxergar a estrela cintilante do perdão.

Ensina-nos a cultivar o perfume da humildade.

Sustenta-nos a fé e a esperança, o ânimo e a alegria, a fim de que trabalhemos em favor de todos, amando e servindo sem exigências.

Vivendo o Evangelho ❧ 181

E, sobretudo, Senhor, fortalece-nos diante das provações necessárias, para que possamos sempre te compreender a precisa exortação:

– Aquele que me seguir, negue-se a si mesmo e tome a sua cruz.

298 - *Por conta de Deus*

Cap. XXV – 6 e 7

Você vive o presente de coração amargurado com o futuro e, embora os dias de hoje prenunciem perspectivas favoráveis, enxerga no amanhã nuvens sombrias.

❧

Teme a morte.

Receia a solidão.

Supõe o abandono.

Antevê a dificuldade.

Adivinha o desastre.

Prediz a enfermidade.

Antecipa o sofrimento.

Conjetura a ruína.

Prevê a perturbação.

Vaticina a infelicidade.

Assusta-se com a velhice.

Presume a aflição.

Prognostica o fracasso.
Pressagia o desespero.
Profetiza a dor.
Imagina o pior.

Ocorrências naturais da vida acabam se transformando em pesadelos insuportáveis e você, envolvido pela incerteza, busca segurança a qualquer custo.

É certo que não se deve olvidar a previdência quanto ao futuro.

Contudo, não permita que essa preocupação o escravize ao materialismo insensato. Garanta a sobrevivência material agora e depois, mas também dê a importância devida ao aperfeiçoamento espiritual.

Não tenha medo, nem se inquiete diante dos dias vindouros. Trabalhe. Realize o bem. Mantenha a fé na Providência Divina.

Faça a sua parte e o restante é por conta de Deus.

299 - *Outro ano*

Cap. XXV – 8

Assistes ao alvorecer de outro ano e entregaste à amargura.

Embora os olhos se encantem com os fogos de

artifício, colorindo os céus, teu coração mergulha em profunda tristeza, à lembrança de inúmeras contradições no caminho.

❧

Aprimoras teus conhecimentos,
mas há os que nunca foram à escola.

Vestes a roupa confortável,
mas há os que padecem a nudez.

Recebes o carinho da família,
mas há os que choram na solidão.

Cuidas da saúde,
mas há os que gemem de dor.

Participas de ceia farta,
mas há mesas sem pão.

Contas com a morada segura,
mas há os que vagueiam sem teto.

Tens o respeito da comunidade,
mas há os que sofrem humilhações.

Exerces o serviço nobre,
mas há os que trabalham sem dignidade.

❧

Tamanha desigualdade merece reflexão, porque o abismo social é obra humana, nada tem a ver com a criação divina.

184 ❧ *Antônio Baduy Filho / André Luiz*

Não é fácil renunciar ao casulo do egoísmo, para voar através dos horizontes da fraternidade. Entretanto, esta é a tarefa que Jesus te colocou nas mãos, para que sejas parceiro na solução dos problemas da miséria e do sofrimento.

Fortalece, pois, tua esperança no Senhor, ama, serve, socorre e busca nas lições do Evangelho os recursos para a renovação íntima.

Conhecendo esses infortúnios, é provável que tua alegria não seja completa nos festejos do Ano Novo. Mas, com toda a certeza, este outro ano que se inicia é mais uma oportunidade para que faças ao próximo o bem que desejas a ti mesmo.

300 - *Roteiro seguro*

Cap. XXV – 9 a 11

O orgulho espalha o constrangimento e a humildade alimenta a alegria.

O desespero leva à fraqueza e a esperança fortalece a coragem.

O egoísmo mergulha em si mesmo e a caridade enxerga o próximo.

A descrença provoca desarmonia e a fé semeia o equilíbrio.

A vaidade nutre o desprezo e a modéstia conquista a simpatia.

A vingança sempre conduz à guerra e o perdão devolve a paz.

A intolerância prolonga o conflito e a indulgência elimina a discórdia.

A violência dissemina a tristeza e a brandura impede a dor.

A cólera promove a aflição e a paciência mantém o entendimento.

O ódio amplia o mal e o amor sustenta o bem.

❧

Todas essas situações, em maior ou menor intensidade, você ainda guarda nos recessos da alma. Entretanto, observe o que lhe vai ser realmente útil na trajetória da evolução.

Não se afobe em possuir títulos, privilégios e facilidades, mas tenha na bagagem do Espírito o essencial, que são os sentimentos nobres, trabalhando e servindo para alcançá-los.

Na busca incessante da perfeição, que a Doutrina Espírita mostra ser longa através das vidas sucessivas, o Evangelho de Jesus é o roteiro seguro para a jornada em direção a Deus.

Capítulo XXVI

Dai gratuitamente o que recebestes gratuitamente

301 - *Cobranças indevidas*

Cap. XXVI – 1 e 2

Perdoe a ofensa,
   mas não peça o desagravo.

Esqueça o mal-entendido,
   mas não queira a reparação.

Faça um favor,
   mas não espere nada em troca.

Ampare o familiar,
   mas não lhe exija a subserviência.

Empreste ao colega
   mas não o veja como devedor eterno.

Sustente a coragem do irmão,
   mas não se aproveite de sua fraqueza.

Aconselhe o companheiro,
   mas não o submeta a seus caprichos.

Resolva a dificuldade do amigo,
   mas nem pense em retribuição.

❧

Cobranças, às vezes, acontecem na moeda invisível da exigência. É preciso, porém, não esquecer que tudo de bom em você é dádiva de Deus, a ser utilizada em favor de todos.

Ajude o próximo, mas não faça do bem um simples negócio.

302 - *Não compra*

Cap. XXVI – 3 e 4

Você paga o tranquilizante, mas não compra a paz.

Você paga o analgésico, mas não compra o alívio da consciência.

Você paga o agasalho, mas não compra o calor humano.

Você paga as férias no campo, mas não compra a calma interior.

Você paga o curso de otimismo, mas não compra a esperança.

Você paga as aulas de segurança pessoal, mas não compra a fé.

Você paga as lições de etiqueta, mas não compra a humildade.

Vivendo o Evangelho ≈ 189

Você paga a propaganda de sua imagem, mas não compra o amor ao próximo.

❧

Você pode usar o dinheiro para socorrer alguma necessidade material.

Entretanto, o bem para si mesmo, como conquista imperecível, isto você não compra.

303 - *Caridade ou negócio*

Cap. XXVI – 5 e 6

Participas da direção da entidade filantrópica, mas não faças disso motivo de autopromoção.

Recolhes donativos para instituições assistenciais, mas não te aproveites da ocasião para encher os próprios bolsos.

Trabalhas na casa de caridade, oferecendo o serviço voluntário, mas não tires daí qualquer vantagem pessoal.

Ganhas alimentos para a sopa dos necessitados, mas não transformes a despensa de tua casa em beneficiária.

Recebes brinquedos para as crianças desamparadas, mas não separes alguns para a própria família.

Relacionas-te com os organismos financeiros, em nome do grupo beneficente, mas não uses essa posição para facilitar a própria vida.

Dedicas-te à causa religiosa com perseverança, mas não te sintas no direito de cobrar recompensa.

Viajas para difundir os ensinamentos do Evangelho, mas não sobrecarregues os outros com as próprias despesas.

❧

Observa como procedes na obra do Cristo e não confundas a lei humana das trocas com a lei divina da doação.

Se te dispões a servir com Jesus, aprende a renunciar ao interesse próprio, porque na seara do Senhor o bem misturado ao egoísmo deixa de ser caridade para se transformar apenas em negócio.

304 - *Certamente*

Cap. XXVI – 7 e 8

No Espiritismo, não há qualquer dúvida quanto à gratuidade do intercâmbio mediúnico.

Entretanto, o médium que desempenha corre-

Vivendo o Evangelho ❧ 191

tamente suas tarefas, mas se dirige à Providência Divina e pede

facilidades,
atenção especial,
conforto material,
isenção de provas,
vida sem problemas,
tratamento diferenciado,
caminho sem obstáculos,
ausência de enfermidades,
manifestações de apreço,
reconhecimento público,
direito à recompensa,
garantia de proteção,
sucesso pessoal,
privilégios,

esse médium espírita, agindo assim, embora não esteja recebendo nenhum pagamento daqueles que o procuram, certamente está cobrando de Deus.

305 - *Mandato mediúnico*

Cap. XXVI – 9 e 10

O médium espírita comprometido com o Evangelho de Jesus tem um roteiro a seguir.

❦

192 ❧ *Antônio Baduy Filho / André Luiz*

Não pensa em cobrança.
E tem trabalho definido.

Provê a seu sustento.
E não deseja vantagens.

Tem conduta honesta.
E exerce a caridade.

Cumpre o dever.
E não se anuncia.

Aceita a disciplina.
E pratica o bem.

Estuda sempre.
E não se promove.

Não exige privilégios.
E não se melindra.

Enfrenta obstáculos.
E cultiva a oração.

Mantém a vigilância.
E persevera na fé.

Não perde a esperança.
E busca a humildade.

Não garante mensagens.
E não promete curas.

Vivendo o Evangelho

Não falta à sinceridade.
E acredita no amor.

Não esquece o perdão.
E respeita a opinião alheia.

❧

Nem profissão, nem arte, nem talento. Mandato mediúnico é missão. É assim que a Doutrina Espírita vê a mediunidade e se alguém não atende a esses requisitos seguramente não é médium espírita.

Capítulo XXVII

Pedi e obtereis

306 - *Ponte de luz*

Cap. XXVII – 1 a 4

Espontaneidade.

Sinceridade.

Submissão.

Esperança.

Concisão.

Fervor.

Fé.

Amor.

Vontade.

Convicção.

Humildade.

Auto-análise.

Simplicidade.

Despretensão.

Despojamento.

Desprendimento.

❧

Sem essas qualidades, a prece torna-se apenas um amontoado de palavras, muitas vezes exigente e arrogante, sem qualquer parentesco com a verdadeira oração que é sempre uma ponte de luz entre a criatura e o Criador.

307 - *Pedir e fazer*

Cap. XXVII – 1 e 6

Você se entrega à oração e pede o socorro do Alto.

❧

Roga coragem,
mas não mobiliza o menor esforço.

Pede ânimo,
mas não toma nenhuma iniciativa.

Busca misericórdia,
mas não abandona o egoísmo.

Suplica paciência,
mas não controla a língua.

Quer paz,
mas não esquece a guerra.

Anseia por amor,
mas não evita os rasgos de ódio.

Deseja esperança,
mas não renuncia ao pessimismo.

Almeja o perdão,
mas não aceita sequer uma desculpa.

❧

Orar e pedir ajuda significa fazer pelo menos alguma coisa. Deus socorre com a água, mas cabe a você beber.

308 - *Longe*

Cap. XXVII – 3

Você rende graças a Deus por não ser um daqueles que ainda se entregam aos enganos.

❧

Não é o ladrão.
Que você detesta.

Não é o desajustado.
Que você não ajuda.

Não é o mentiroso.
Que você despreza.

Não é o desonesto.
Que você não desculpa.

Não é o bandido.
Que você acusa.

Não é o hipócrita.
Que você não perdoa.

Não é o adúltero.
Que você condena.

Não é o avarento.
Que você não releva.

Não é o injusto.
Que você censura.

Não é o desorientado.
Que você não entende.

❦

Você faz da prece um discurso de gratidão, porque está distante das imperfeições mais graves.

Contudo, menosprezando os que ainda se debatem na armadilha dos erros, não percebe que, por orgulho e egoísmo, também está muito longe do amor e da caridade.

309 - *Suas mãos*

Cap. XXVII – 4

Faça de sua vida uma prece constante, vivendo cada momento com elevação.

❦

Vivendo o Evangelho ❦ 199

Autoridade?
Com benevolência.

Fracasso?
Com coragem.

Riqueza?
Com fraternidade.

Trabalho?
Com honradez.

Lazer?
Com dignidade.

Aflição?
Com esperança.

Prestígio?
Com consciência.

Sucesso?
Com humildade.

Doença?
Com resignação.

Liderança?
Com discernimento.

❧

Erga os braços em louvor a Deus, mas conserve suas mãos na atividade do bem.

310 - *Pedidos impossíveis*

Cap.XXVII – 5, 7 e 8

São impossíveis certos pedidos na prece.

❧

Escapar da morte.
Deus, porém, ajuda a viver no bem.

Inexistir a doença.
Deus, porém, ajuda com a resignação.

Não haver a dor.
Deus, porém, ajuda com a paciência.

Evitar o sofrimento.
Deus, porém, ajuda com a coragem.

Fugir da provação.
Deus, porém, ajuda com a esperança.

Negar a Lei de Causa e Efeito.
Deus, porém, ajuda com a compreensão.

Ausentar-se da luta.
Deus, porém, ajuda com a perseverança.

Livrar-se do conflito íntimo.
Deus, porém, ajuda com o entendimento.

❧

Vivendo o Evangelho ❧ 201

Deus responde ao pedido impossível com a ajuda providencial, ainda que contrariando os anseios de quem pede, mas é certo que a resposta do Alto virá sempre de acordo com a necessidade e o merecimento.

311 - *Pedidos inconvenientes*

Cap. XXVII – 5, 7 e 8

Você faz a Deus pedidos que fogem aos limites da sensatez.

❧

Roga o conforto na vida.
Sem trabalho.

Anseia por conquista amorosa.
Com mentira.

Quer a derrota do adversário.
Sem escrúpulo.

Pede o sucesso em negócio.
Com trapaça.

Deseja vitória na profissão.
Sem esforço.

Suplica o mal do próximo.
Com vingança.

202 ❧ *Antônio Baduy Filho / André Luiz*

Implora sorte no jogo.
Sem respeito.

Requer proteção no delito.
Com sofisma.

Busca auxílio na esperteza.
Sem pudor.

Solicita dinheiro farto.
Com falcatrua.

∽

Pedidos inconvenientes acontecem nas orações ao Alto, mas a prece é comunicação elevada, onde cabe apenas o trânsito do bem.

Não basta pedir. É preciso pedir com bom senso.

312 - *Transmissão*

Cap. XXVII – 9 e 10

A eficácia da prece depende de certos requisitos.

∽

Respeito.
Sem ritual.

Sinceridade.
Sem sofisma.

Sentimento.
Sem pieguice.

Clareza.
Sem prolixidade.

Confiança.
Sem orgulho.

Recolhimento.
Sem cochilo.

Concentração.
Sem pose.

Humildade.
Sem oportunismo.

Fé.
Sem cegueira.

Submissão.
Sem hipocrisia.

❧

Tais qualidades da prece dão força ao pensamento que se dirige ao Alto, agindo como poderosos transmissores.

Deus recebe suas mensagens, mas a garantia da transmissão depende de você.

313 - *É você*

Cap. XXVII – 11

Você pede o concurso do Alto, mas não faz a sua parte.

❧

Ajuda na doença.
E não se cuida.

Consolo na dor.
E não tem fé.

Garantia de pão.
E não trabalha.

Força contra o erro.
E não se corrige.

Coragem na vida.
E não persevera.

Orientação.
E não segue.

Socorro na aflição.
E não reage.

Apoio contra o vício.
E não luta.

Vivendo o Evangelho ☙ 205

Auxílio nas tarefas.
E não se dedica.

Paz na família.
E não coopera.

❧

É claro que o Alto atende a suas preces. O problema é você, que não atende às respostas do Alto.

314 - *Deus responde*

Cap. XXVII – 12

Veja a resposta de Deus ao que você pede.

❧

Pede sorte.
Deus responde com a perseverança.

Pede vantagem.
Deus responde com o merecimento.

Pede fortuna.
Deus responde com o trabalho.

Pede facilidade.
Deus responde com o esforço.

206 ❧ *Antônio Baduy Filho / André Luiz*

Pede proteção.
Deus responde com a fé.

Pede privilégio.
Deus responde com a justiça.

Pede glória.
Deus responde com a humildade.

Pede excesso.
Deus responde com o suficiente.

Pede descanso.
Deus responde com o devotamento.

Pede desforra.
Deus responde com a compreensão.

❧

Você pede a Deus o que quer. E Deus responde com o que precisa.

315 - *Deus atende*

Cap. XXVII – 13 a 15

Humildade.
Devotamento.
Abnegação.

Vivendo o Evangelho ❧ 207

Paz.
Amor.
Perdão.
Sinceridade.
Entendimento.
Resignação.
Modéstia.
Gratidão.
Brandura.
Misericórdia.
Compreensão.
Paciência.
Piedade.
Tolerância.
Renúncia.
Submissão.

Não há dúvida de que esses sentimentos nobres constituem poderoso lastro na oração ao Senhor, razão pela qual, ciente de tuas imperfeições, imaginas-te incapaz de rogar o auxílio do Alto. Deus, no entanto, atende à necessidade urgente, ainda que a condição do necessitado seja de penúria moral.

A Providência Divina não age como a casa bancária, que exige garantia antes do atendimento, mas como o pronto-socorro, que te presta ajuda imediata sem perguntar o que possuis. Contudo, depois do alívio, a responsabilidade de viver é por tua conta.

316 - *Ninguém*

Cap. XXVII – 14

O pé tem defeito.
E você se apoia.

A perna manca.
E você anda.

A voz é rouca.
E você fala.

O olho arde.
E você enxerga.

O braço é fraco.
E você se mexe.

O dente é torto.
E você morde.

A boca incomoda.
E você come.

O nariz entope.
E você respira.

O ouvido inflama.
E você escuta.

A cabeça dói.
E você pensa.

Ninguém desiste de viver, porque as condições físicas não são as melhores.

Esperar, pois, a perfeição espiritual para ajudar alguém é simples comodismo, disfarçado de escrúpulo.

317 - *Troca*

Cap. XXVII – 15

Você se entrega à oração e promete sacrifícios pessoais em troca de auxílio.

~

Desiste do sorvete.
E roga emprego.

Abandona o passeio.
E reclama facilidade.

Foge dos confeitos.
E espera fortuna.

Descarta a joia.
E deseja prêmio.

Elimina o chocolate.
E sonha com vitória.

Ausenta-se de festas.
E pede oportunidade.

Pratica o jejum.
E quer recompensa.

Corta o refrigerante.
E aguarda solução.

Participa da romaria.
E almeja privilégio.

Mortifica o corpo.
E requer benefício.

⤙

Peça a Deus o amparo de que necessita, mas não se esqueça de que a melhor promessa é a transformação moral.

318 - *Prece*

Cap. XXVII – 16

Convidado à prece em público, afaste os procedimentos inúteis.

⤙

Vivendo o Evangelho ⤙ 211

Aja com naturalidade.
Não invente posturas.

Controle a gesticulação.
Importa o recolhimento.

Use linguagem simples.
Não exiba vocabulário.

Vigie a expressão facial.
Mímica é dispensável.

Mantenha o equilíbrio.
Não altere o tom de voz.

Observe o tempo.
Prolixidade incomoda.

Dispense as citações.
Não ostente erudição.

Evite petições longas.
Prece não é relatório.

Conserve o bom senso.
Não se exalte na oração.

Esqueça de si mesmo.
A rogativa é para todos.

Quem ora merece todo o respeito, mas deve respeitar também aquele que o ouve.

319 - *Com o coração*

Cap. XXVII – 16 e 17

Com que disposição te entregas à prece?

Almejas socorro.
Com exigência?

Pedes esperança.
Com descrença?

Rogas saúde.
Com abuso?

Queres concórdia.
Com impaciência?

Desejas paz.
Com orgulho?

Esperas apoio.
Com egoísmo?

Imploras perdão.
Com desforra?

Suplicas piedade.
Com intolerância?

A oração é encontro com Deus. Que o diálogo seja, pois, autêntico e impregnado de sentimento verdadeiro, para que tua prece seja com o coração.

320 - *Não custa*

Cap. XXVII – 17

Faça da prece um encontro digno com a Providência Divina.

❧

Não abuse do tempo.
O minuto é precioso.

Tenha objetividade.
Clareza é essencial.

Não exagere pedidos.
O necessário basta.

Evite a repetição.
Insistência incomoda.

Não faça exigência.
A arrogância atrapalha.

Lembre-se do próximo.
Solidariedade ajuda.

Não multiplique palavras.
A prece não é discurso.

Atenha-se à realidade.
Fantasia não resolve.

Não dramatize a voz.
A oração não é teatro.

Respeite a razão.
Bom senso importa.

∽

Ore a Deus, mas não desmereça o valor da rogativa, agindo de maneira imprópria. Você precisa do auxílio do Alto, mas não custa pedir com equilíbrio.

321 - *Ligação para o alto*

Cap. XXVII – 18

O telefone que você possui é útil para inúmeras iniciativas em favor do próximo.

∽

Vivendo o Evangelho ∽ 215

O vizinho passa mal e você liga para o médico.

Providencia o socorro.

O parente está em apuros e você liga para a autoridade.

Resolve o problema.

O colega precisa de informação e você liga para o serviço público.

Obtém a resposta.

O familiar necessita de ajuda e você liga para o número certo.

Promove o alívio.

O amigo quer dar o recado e você liga em nome dele.

Estabelece a paz.

O companheiro se aflige por notícia e você liga para o local indicado.

Desfaz a dúvida.

❧

Tanto quanto você usa o telefone para socorrer o próximo ainda no corpo físico, utilize também a prece como instrumento de auxílio àqueles que já atravessaram as fronteiras da morte, na certeza de que, nessa ligação para o Alto, a linha nunca está ocupada e também não cai.

322 - *Ora por eles*

Cap. XXVII – 19 a 21

Tanto quanto te compadeces dos infelizes que sofrem no corpo provações dolorosas, estendendo-lhes a ajuda possível, lembra-te também dos que já abandonaram o veículo físico, ofertando-lhes a caridade da prece, especialmente àqueles mortos que ainda não trilharam o caminho do equilíbrio.

~

Os mortos de orgulho, que se comprazem na dominação.

Os mortos de inveja, que destroem a paz dos outros.

Os mortos de egoísmo, que desconhecem o próximo.

Os mortos de vaidade, que só enxergam a si mesmos.

Os mortos de desilusão, que não encontram o céu prometido.

Os mortos de ciúme, que tiranizam os próprios afetos.

Os mortos de revolta, que agridem as leis divinas.

Os mortos de vergonha, que lamentam os enganos.

Os mortos de paixão, que se agarram a sentimentos inferiores.

Os mortos de ódio, que alimentam a vingança.

❧

Em tuas horas de recolhimento, ora por eles com fé e compaixão, na certeza de que largaram o corpo físico no silêncio do túmulo e, embora permaneçam vivos no mundo espiritual, ainda estão mortos para a realidade do bem.

323 - *Vigilância*

Cap. XXVII – 21

Preste atenção à sua conduta.

❧

Irritação?
Acalme-se.

Conflito?
Resolva.

Impaciência?
Controle-se.

Comodismo?
Aja.

Indiferença?
Acorde.

Revolta?
Elimine.

Inveja?
Corte.

Orgulho?
Afaste.

Egoísmo?
Desfaça.

Desespero?
Apague.

Confusão?
Desmanche.

Ódio?
Esqueça.

Ore pelos Espíritos infelizes, mas cuide da própria vigilância, a fim de que você não lamente na vida espiritual os enganos que pode evitar na existência física.

324 - *Mensageiro*

Cap. XXVII – 22

Dirija-se à Providência Divina através da prece, mas não permita interferências indesejáveis.

❧

Peça o recurso,
mas sem exigência.

Agradeça o apoio,
mas sem vaidade.

Rogue o socorro,
mas sem orgulho.

Implore a ajuda,
mas sem desespero.

Solicite a orientação,
mas sem egoísmo.

Declare os erros,
mas sem evasivas.

Exponha os revezes,
mas sem aflição.

Relate as privações,
mas sem revolta.

Confesse as dúvidas,
mas sem sofismas.

Suplique o perdão,
mas sem hipocrisia.

A prece é diálogo à distância com Deus. Não deixe, pois, que seus defeitos perturbem a comunicação com o Alto.

Dê sua mensagem, mas não esqueça que a humildade e a sinceridade é que fazem o bom mensageiro.

325 - *Só precisa*

Cap. XXVII – 22

Templos.
Altares.
Monumentos.
Imagens.
Incenso.
Símbolos.
Rituais.
Cerimônias.
Sacrifícios.

Promessas.

Jejum.

Penitência.

Romaria.

Procissão.

Óbolo.

Velas.

Medalhas.

Orações prontas.

Tudo isso se criou para justificar a prece e, no entanto, conforme a lição de Jesus, para estar com Deus, você só precisa amar o próximo como a si mesmo.

326 - *Esforço próprio*

Cap. XXVII – 22

Peça a Deus por sua transformação moral, mas tome a iniciativa de se melhorar.

Peça esperança,
 mas livre-se do pessimismo.

Peça humildade,
mas lute contra o orgulho.

Peça resignação,
mas combata a revolta.

Peça paciência,
mas descarte a cólera.

Peça coragem,
mas fortaleça o ânimo.

Peça misericórdia,
mas abandone o ódio.

Peça ajuda,
mas afaste a preguiça.

Peça discernimento,
mas conheça-se melhor.

Peça reforço da fé,
mas acredite em si mesmo.

Peça amor,
mas liberte-se do egoísmo.

Peça tolerância,
mas fuja da impertinência.

Peça calma,
mas controle a inquietação.

O Senhor ouve quem pede com sinceridade, mas cada um recebe de acordo com as próprias obras. Rogue, pois, o auxílio divino sem descuidar do esforço na renovação íntima.

Deus favorece o crescimento da planta, mas ela produz a seiva.

327 - *Recurso divino*

Cap. XXVII – 23

Imaginaste o lar de teus sonhos e ergueste o santuário de ternura cimentado com abnegação e sacrifício, quando a tempestade de incompreensões desabou sobre teu recanto de paz, confinando-te na vala escura da solidão.

Entretanto, em vez de fortaleceres a revolta, busca na prece o perdão e a calma para reconstruíres teu ninho de amor, convicto da Bondade Divina.

❧

Recebeste a bênção da maternidade e cultivaste nos jardins da alma a flor acalentada com emoção e esperança, quando a mão gélida da morte arrebatou de teus braços o filho mais querido, arrastando-te ao mar revolto da aflição.

Contudo, em vez de mergulhares na amargura,

procura na prece a resignação e a fé, para retomares a alegria de viver, ciente da misericórdia de Deus.

❧

Dedicaste todo o carinho à família e te entregaste com renúncia e devotamento ao núcleo consanguíneo eleito por altar de tua adoração, quando a palavra impensada do familiar leviano te surpreendeu, ferindo-te com os espinhos da agressão gratuita.

No entanto, em vez de te esconderes na mágoa, alcança na prece a paz e a tolerância para prosseguires teu caminho, confiante no apoio do Alto.

❧

Traçaste o roteiro de vida e investiste esforço e perseverança nos ideais nobres, quando circunstâncias desfavoráveis te barraram os passos, minando-te as possibilidades de trabalho.

Todavia, em vez de definhares no desânimo, conquista na prece a compreensão e a paciência, para entenderes que as dificuldades fazem parte da evolução, convencido da sabedoria do Senhor.

❧

Na hora da crise, não te esqueças do recurso divino da prece.

Quando tudo parece conspirar contra teus objetivos mais caros, sossega o coração atribulado e lembra-te de Jesus no Horto das Oliveiras, quando o Celeste Amigo, orando em busca do amparo de Deus para as horas amargas que estavam por vir, exclamou com humildade:

– Pai, não seja como eu quero e, sim, como tu queres.

Vivendo o Evangelho ❧ 225

Capítulo XXVIII

Coletânea de preces espíritas

328 - *Preste atenção*

Cap. XXVIII – 1

Preste atenção nas qualidades da prece.

❧

Humildade.
A arrogância compromete.

Devoção.
A prece não é fala decorada.

Simplicidade.
A retórica não cabe na oração.

Clareza.
A objetividade diz por si mesma.

Fé.
A confiança é canal de comunicação.

Resignação.
A Lei Divina funciona para todos.

Amor.
O coração é escada para o Alto.

Esperança.
O desespero é má companhia.

Calma.
A paz é veículo do equilíbrio.

Sinceridade.
A verdade sempre liberta.

❧

Siga, pois, esse roteiro de luz, para que sua prece seja plena de sentimentos nobres e você seja digno deste encontro com Deus.

329 - *Oração dominical*

Cap. XXVIII – 2

Na oração dominical você deseja o amparo do Alto, mas também há de se comprometer com a renovação íntima.

❧

Invoca o Criador como Pai.
E será o filho leal.

Santifica o nome do Senhor.
E seguirá os mandamentos.

Vivendo o Evangelho ❧ 229

Anseia pelo reino de Deus.
E se tornará o súdito fiel.

Crê na Vontade Divina.
E guardará obediência.

Suplica o pão de cada dia.
E buscará o trabalho honesto.

Implora o perdão das dívidas.
E relevará os débitos alheios.

Aspira à absolvição das ofensas.
E terá misericórdia com o próximo.

Pede a resistência às tentações.
E se livrará dos desejos infelizes.

Roga o afastamento do mal.
E combaterá as imperfeições.

Quer que tudo assim seja,
E fará a sua parte.

Orar com Jesus a prece dominical não é simples repetição de palavras, é consciência do compromisso com as lições do Evangelho, sem esquecer a advertência do Mestre Divino: "Quem não é por mim, é contra mim".

330 - *Pai Nosso*

Cap. XXVIII – 3, I

Jesus, ensinando orar, não se refere a Deus com títulos pomposos.

❧

Perfeição Absoluta.
Ou Divindade Maior.

Santo dos Santos.
Ou Senhor Altíssimo.

Poder Superior.
Ou Divina Providência.

Excelso Ser.
Ou Celeste Onipotência.

Rei dos Reis.
Ou Sagrada Onisciência.

Criador do Céu e da Terra.
Ou Soberano dos Mundos.

Infinita Sabedoria.
Ou Grandeza sem Fim.

Supremo Pastor.
Ou Eterno Provedor.

❧

Vivendo o Evangelho ❧ 231

O Mestre Divino não se dirige a Deus como o Todo Poderoso distante dos súditos, mas como o Criador próximo de suas criaturas e inicia a oração, dizendo simplesmente:

– Pai Nosso, que estás no céu...

331 - *Reino divino*

Cap. XXVIII – 3, II

Você pede que venha o reino de Deus, mas não se importa com as condições que facilitam sua chegada.

Observa a importância da paz,
mas dificulta a solução do conflito.

Conhece o benefício do perdão,
mas não supera o ressentimento.

Antevê a grandeza da caridade,
mas não se liberta do egoísmo.

Sabe do efeito da paciência,
mas não resiste à irritabilidade.

Nota as virtudes da resignação,
mas se deixa levar pela revolta.

Entende a elevação da humildade,
mas se submete ao jugo do orgulho.

Percebe o valor da misericórdia,
mas se entrega à intolerância.

Admite o mérito da verdade,
mas se aproveita da mentira.

Reconhece a nobreza do bem,
mas aceita as sugestões do mal.

Sente a sublimidade do amor,
mas libera os impulsos de ódio.

∽

Os ensinamentos de Jesus, aplicados à transformação moral, são condições imprescindíveis ao advento do reino de Deus, o que significa que é válida a rogativa para que venha o reino divino, mas ele só virá se você tiver a disposição de recebê-lo.

332 - *Vontade divina*

Cap. XXVIII – 3, III

Você sabe o que Deus quer.

∽

Vivendo o Evangelho ∽ 233

Quer paz.
E você recusa.

Quer misericórdia.
E você contesta.

Quer perdão.
E você rejeita.

Quer caridade.
E você vacila.

Quer benevolência.
E você reclama.

Quer humildade.
E você recua.

Quer resignação.
E você dificulta.

Quer harmonia.
E você discorda.

Quer o bem.
E você discute.

Quer amor.
E você hesita.

❧

Você ora e pede que se faça a vontade divina, mas tanto argumenta e questiona as leis do Senhor que dá a entender que sua opinião é mais importante que a vontade de Deus.

333 - *Bem comum*

Cap. XXVIII – 3, IV

Examine com atenção a natureza do trabalho que você assume.

❧

Faz alguém sofrer?
Não serve.

Provoca conflito?
Não é benéfico.

Perturba a paz?
Não é conveniente.

Desmerece alguém?
Não é útil.

Engana os outros?
Não é justo.

Vale-se da mentira?
Não é bom.

Usa a esperteza?
Não é decente.

Prejudica outrem?
Não é honesto.

Vivendo o Evangelho ❧ 235

Utiliza a violência?
Não é solução.

Foge ao respeito?
Não dignifica.

❧

Não basta o trabalho garantir a sobrevivência, é preciso que não seja nocivo ao próximo.

Escolha, pois, a atividade que esteja de acordo com o bem comum, a fim de que você não passe pelo mundo com o bolso cheio de recursos e a consciência vazia de princípios nobres.

334 - *Ao menos*

Cap. XXVIII – 3, IV

Você pede a ajuda de Deus para o sustento de cada dia, mas não corresponde ao auxílio divino.

❧

Adquire patrimônio razoável,
mas se atrapalha por ambição.

Monta a própria empresa,
mas não zela dos negócios.

236 ❧ *Antônio Baduy Filho / André Luiz*

Movimenta-se no comércio,
mas não cuida da clientela.

Consegue o bom emprego,
mas é freguês da ociosidade.

Vence a disputa pelo serviço,
mas trabalha com negligência.

Recebe o concurso de alguém,
mas desperdiça o apoio.

Conquista a oportunidade,
mas põe tudo a perder.

Ganha o recurso providencial,
mas age com imprudência.

É profissional requisitado,
mas troca a oficina por diversão.

Tem a garantia do necessário,
mas esbanja seus haveres.

∽

Os fracassos na vida não significam ausência de proteção divina, pois o Criador sempre ampara a criatura nas lutas de cada dia.

Entretanto, para que haja alguma perspectiva de sucesso é preciso que o lutador, ao menos, se disponha a lutar.

Vivendo o Evangelho ∽ 237

335 - *Pão de cada dia*

Cap. XXVIII – 3, IV

O pão de cada dia, que você pede a Deus, é mais do que a simples garantia de sobrevivência material.

❧

É mais do que a solução atual.
É a previdência para o futuro.

É mais do que o trabalho.
É a honestidade na função.

É mais do que o emprego.
É a disposição ao serviço.

É mais do que o remédio.
É o empenho no tratamento.

É mais do que a roupa.
É o respeito no vestir.

É mais do que a moradia.
É a paz dentro de casa.

É mais do que a doação.
É o uso correto do auxílio.

É mais do que o socorro.
É a humildade de aceitá-lo.

É mais do que o salário.
É a prudência no gastar.

É mais do que a comida.
É a moderação no viver.

❧

O pão é o alimento que simboliza a transformação, desde o grão de trigo, no moinho, até à massa levedada, no forno aquecido.

Diante, pois, da rogativa pelo pão de cada dia, o Senhor entende que você quer o alimento para o corpo, mas deseja também o recurso ao aprimoramento do Espírito.

336 - *Pão espiritual*

Cap. XXVIII – 3, IV

Deus atende tuas súplicas em qualquer circunstância.

❧

Sofres o acidente grave.
Ficas fora de serviço.
Há a licença remunerada.
E Deus te dá a paciência.

Vivendo o Evangelho ❧ 239

Perdes o trabalho antigo.
Mergulhas no desânimo.
Há a garantia do seguro.
E Deus te dá a tolerância.

Passas pelo mal súbito.
Mostras incapacidade.
Há o recurso providencial.
E Deus te dá o consolo.

Não consegues o emprego.
Vives a dúvida aflitiva.
Há o amparo fraterno.
E Deus te dá a esperança.

Padeces a doença incurável.
Não escondes a deficiência.
Há a assistência completa.
E Deus te dá a resignação.

❧

Mesmo quando estejas impedido de trabalhar e as leis humanas te garantam o sustento material, ainda assim Deus te atende a rogativa do pão de cada dia, ofertando o alimento espiritual através das lições do Evangelho, para que tua alma não sinta fome de paz e confiança nas provações que te cabem.

337 - *Medida justa*

Cap. XXVIII – 3, IV

Você diz que Deus não o atende, mas quase sempre pede o que não precisa.

❧

Precisa de pão,
mas quer banquete.

Precisa de coberta,
mas escolhe agasalho.

Precisa de moradia,
mas sonha com mansão.

Precisa de calçado,
mas define modelo.

Precisa de emprego,
mas exige cargo.

Precisa de paz,
mas deseja ócio.

Precisa de conselho,
mas reclama solução.

Precisa de autoestima,
mas anseia por prestígio.

Vivendo o Evangelho ❧ 241

Precisa de saúde,
mas almeja perfeição.

Precisa de apoio,
mas requer privilégio.

❧

O Senhor permite a todos o pão de cada dia na medida justa e necessária, pois cada existência é o saldo entre débito e crédito de vidas passadas e, embora você imagine que tem direito a tudo, a Lei Divina é clara: "A cada um de acordo com suas obras".

338 - *Dívida e perdão*

Cap. XXVIII – 3, V

Deus facilita o resgate das dívidas contraídas perante o Código Divino, parcelando o débito nas vidas sucessivas e permitindo os descontos da misericórdia, conforme a boa vontade do devedor.

Eis algumas parcelas de cobrança e a conduta que favorece o abatimento.

❧

Enfermidade crônica.
Confiança.

Provação em família.
Tolerância.

Casamento complicado.
Entendimento.

Maternidade impossível.
Resignação.

Doença incurável.
Paciência.

Fracassos repetidos.
Perseverança.

Sobrevivência difícil.
Coragem.

Deficiência irreversível.
Aceitação.

Vida solitária.
Renúncia.

Situação de abandono.
Esperança.

❧

Você não esquece de rogar ao Senhor o perdão de suas dívidas diante da Lei Divina.

Entretanto, a seu ver a misericórdia só vale para um lado, pois do próximo que se endivida ao lhe perturbar o sossego, você cobra, além do principal, a multa da humilhação e os juros do constrangimento, sem contar as taxas adicionais que variam com o tamanho de seu melindre.

339 - *Ofensa e perdão*

Cap. XXVIII – 3, V

Você não tolera nos outros os defeitos que tem.

❧

Condena o orgulho,
mas é arrogante.

Censura o egoísmo,
mas só pensa em si.

Ataca a vaidade,
mas ama o espelho.

Rejeita a sovinice,
mas não doa nada.

Reprova a usura,
mas explora o vizinho.

Abomina a preguiça,
mas é comodista.

Critica a desonestidade,
mas usa a esperteza.

Refuga a zombaria,
mas é irônico.

Desaprova a inveja,
mas cultiva o despeito.

Recrimina a violência,
mas é grosseiro.

❦

Ofensor das leis divinas e ofendido pelos outros, você utiliza critérios diferentes para a mesma situação. Roga a Deus o perdão de suas faltas e pede misericórdia, mas não desculpa a ofensa do próximo e ainda clama por justiça.

340 - *Ofensas a alguém*

Cap. XXVIII – 3, V

Certas situações da vida diária têm o mesmo efeito pungente da ofensa.

❦

Alguém telefona.
Você não retorna.

Alguém escreve.
Você não responde.

Vivendo o Evangelho ❦ 245

Alguém pede o favor.
Você não se lembra.

Alguém chega.
Você se retira.

Alguém aparece.
Você se desvia.

Alguém quer atenção.
Você mal repara.

Alguém roga ajuda.
Você desconversa.

Alguém lhe fala.
Você não liga.

Alguém chama.
Você não atende.

Alguém cumprimenta.
Você faz que não vê.

❧

É provável que você nem se lembre dessas atitudes, quando suplica a Deus o perdão de suas ofensas. Contudo, as pequenas faltas machucam, pois há sempre desconforto onde existe desatenção e desprezo.

A pisadela no calo é dolorosa, mas não esqueça que a alfinetada também dói.

341 - *Ofensas gratuitas*

Cap. XXVIII – 3, V

Você age com educação, mas elas acontecem.

❧

Pergunta ao colega.
E a resposta é ferina.

Escuta o companheiro.
E percebe a rispidez.

Dirige-se ao chefe.
E recebe a agressão.

Conversa em casa.
E ouve a grosseria.

Frequenta o clube.
E há discriminação.

Está com a família.
E é vítima de assalto.

Sai à rua a negócios.
E é alvo de gracejo.

Vai à reunião social.
E suporta hostilidade.

Comparece ao serviço.
E sofre humilhação.

Vivendo o Evangelho ❧ 247

Trabalha em grupo.
E nota indiferença.

Diante de tais ofensas, gratuitas e silenciosas, o servidor de Jesus tem valiosa ocasião para o exercício da humildade.

É claro que ninguém pode ser feliz nessas circunstâncias, mas é possível que você já sinta alguma alegria, quando percebe que, hoje, graças ao Evangelho, é apenas o ofendido e não mais, o ofensor.

342 - *Tentação*

Cap. XXVIII – 3, VI

Egoísmo afasta.
Caridade aproxima.

Orgulho impõe.
Humildade convence.

Cólera ataca.
Calma ajuda.

Violência rompe.
Brandura liga.

Vingança agride.
Perdão afaga.

Esperteza prejudica.
Honestidade constrói.

Irritação atrapalha.
Tolerância resolve.

Imprudência complica.
Paciência facilita.

Mentira perturba.
Verdade esclarece.

Ódio desagrega.
Amor une.

❧

A transformação moral é a melhor defesa contra as sugestões inferiores, pois a tentação mais perigosa não é a que vem de fora, mas aquela que nasce dentro de você.

343 - *Não interfira*

Cap. XXVIII – 3, VI

A Lei Divina estabelece a dimensão do bem, mas a vontade humana nem sempre a compreende com acerto.

❧

Vivendo o Evangelho ❧ 249

Garante a liberdade.
Que se torna indisciplina.

Assegura a fé.
Que se exalta no fanatismo.

Propõe a correção.
Que degrada na rigidez.

Afirma a brandura.
Que se converte na tibieza.

Assinala a coragem.
Que desanda na imprudência.

Indica a esperança.
Que deteriora na ilusão.

Nota a calma.
Que se faz indiferença.

Mostra a benevolência.
Que se mistura ao desperdício.

Prescreve a tolerância.
Que acaba em permissividade.

Expõe o amor.
Que adoece na paixão.

❧

Não responsabilize a Providência Divina por seus enganos nos caminhos da evolução.

Se você quer realmente se livrar do mal, livre-se primeiro da arrogância e não interfira com seus caprichos no bem que procede de Deus.

344 - *Deus sabe*

Cap. XXVIII – 3, VII

Deus conhece tuas necessidades, mas não compreendes a vontade divina.

❧

Adoeces. O mal incomoda.
Pedes a cura da enfermidade.
Mas os sintomas continuam.
É Deus te convidando à resignação.

Perdes. A derrota é amarga.
Rogas a possibilidade de vitória.
Mas os insucessos se repetem.
É Deus te indicando a perseverança.

Sofres. A provação é dolorosa.
Suplicas o bálsamo do alívio.
Mas a aflição permanece.
É Deus te apontando a paciência.

Vivendo o Evangelho ❧ 251

Lutas. A peleja é grande.
Almejas a paz do descanso.
Mas as dificuldades se sucedem.
É Deus te inspirando a coragem.

Duvidas. A incerteza te corrói.
Anseias pelo pensamento claro.
Mas os conflitos se prolongam.
É Deus te ensinando a lição da fé.

~

Deus sabe do que necessitas.

Entretanto, com frequência fazes ao Senhor a rogativa impossível de ser atendida, como a criança que insiste no desejo de brincar, quando os pais entendem que ela precisa da escola.

345 - *Reunião espírita*

Cap. XXVIII – 4 e 5

A reunião espírita dispensa procedimentos admitidos em outras situações.

~

Rituais.
Cânticos.

Paramentos.
Velas.
Incenso.
Imagens.
Uniformes.
Pagamentos.
Palmas.
Encenações.
Exibicionismo.
Gritaria.
Gestos estereotipados.
Mímica imprópria.
Voz alterada.

Entretanto, são fundamentais na reunião espírita o respeito, o recolhimento, a prece, o estudo e o amor. O resto é invenção.

346 - *Instrumento mediúnico*

Cap. XXVIII – 8 e 9

O Espiritismo explica que a mediunidade depende do concurso dos Espíritos, mas existem médiuns que garantem a comunicação de qualquer maneira.

O Espiritismo nota que a mediunidade é natural e simples, mas existem médiuns que a transformam em encenação teatral.

O Espiritismo observa que a mediunidade é coisa séria, mas existem médiuns que fazem dela brincadeira de salão.

O Espiritismo ensina que a mediunidade é gratuita, mas existem médiuns que só atendem mediante a tabela de preços.

O Espiritismo esclarece que a mediunidade exige estudo e responsabilidade, mas existem médiuns que desprezam a disciplina e o dever.

O Espiritismo indica que a mediunidade é consoladora, mas existem médiuns que se comprazem nas revelações inconvenientes.

O Espiritismo mostra que a mediunidade é porta ao conhecimento espiritual, mas existem médiuns que servem à ambição e às conquistas materiais.

O Espiritismo eleva a mediunidade à categoria de missão, mas existem médiuns que a exercem como atividade profissional.

❧

À semelhança do telefone, a mediunidade é instrumento de comunicação entre dois mundos.

Contudo, se o aparelho está danificado, é melhor cancelar a ligação.

347 - *Sintonia mediúnica*

Cap. XXVIII – 8 e 9

É engano supor que a mediunidade com Jesus se esgote apenas na atividade mediúnica.

O médium comprometido com as lições do Senhor tem responsabilidades que vão além do simples fenômeno, com a obrigação permanente de se esclarecer e melhorar para manter a sintonia com os planos mais elevados da Espiritualidade.

～

Escreve, mas não coloca as mãos a serviço da desarmonia e da incerteza.

Ouve, mas não faz das vozes espirituais fontes de informações angustiantes.

Vê, mas não transforma a vidência em instrumento de aflição aos outros.

Fala, mas não busca a inspiração fácil para se promover.

Pinta, mas não reproduz imagens que destruam a paz.

Compõe, mas não registra na pauta musical a melodia perturbadora.

Cura, mas não confunde o bem do próximo com os interesses pessoais.

Materializa, mas não cultiva a faculdade de efeitos físicos para exibições teatrais.

～

O medianeiro sintonizado com o Evangelho tem compromisso com a humildade e a caridade, constituindo-se em representante do Cristo nos caminhos do mundo, para amar e servir, esclarecer e consolar.

Se você tem mediunidade e não age assim, pode até continuar a ser médium, mas com toda a certeza não está com Jesus.

348 - *Proteção espiritual*

Cap. XXVIII – 11

Teu protetor espiritual está constantemente te ajudando, mas nem sempre tem sucesso.

❧

Recomenda a paz, mas procuras o conflito.

Sugere a tolerância, mas escolhes a impertinência.

Fortalece a coragem, mas te escondes no medo.

Indica a compreensão, mas preferes a desarmonia.

Aponta a esperança, mas ficas no desespero.

Aconselha a calma, mas te entregas à cólera.

Incentiva a humildade, mas teimas no orgulho.

Conduz ao entendimento, mas queres a confusão.

Convida à caridade, mas insistes no egoísmo.

Semeia a paciência, mas cultivas a irritação.

Apoia a modéstia, mas demoras na vaidade.

Estimula o trabalho, mas descansas na preguiça.

Convoca ao perdão, mas te refugias na mágoa.

Chama à verdade, mas te desvias na mentira.

Conclama ao amor, mas demoras no ódio.

⤚

A ajuda espiritual não é passe de mágica, mas esforço conjugado entre seres de dimensões diferentes, irmanados no bem e na solidariedade.

O protetor espiritual está sempre presente, à semelhança de um sol que nunca deixa de brilhar, mas as nuvens espessas que lhe tapam a luz, estas são por conta do protegido.

349 - *Você existe*

Cap. XXVIII – 11

Você atribui aos Espíritos perturbadores suas dificuldades na vida diária.

⤚

Quando cai, não é tropeço.
É derrubado.

Quando erra, não é engano.
É induzido.

Quando agride, não é grosseria.
É subjugação.

Quando ofende, não é imperfeição.
É obsessão.

Quando se encoleriza, não é defeito.
É influência.

Quando quebra algo, não é descuido.
É interferência.

Quando não dá certo, não é negligência.
É atrapalho.

Quando se desvia, não é por si mesmo.
É levado.

Quando grita, não é indelicadeza.
É atuação.

Quando briga, não é atraso.
É perturbação.

❧

É cômodo responsabilizar o mundo espiritual por sua conduta, mas convém não esquecer que, enxergando a ação dos Espíritos em tudo o que lhe acontece, é negar que você existe.

350 - *Não resolve*

Cap. XXVIII – 15 e 16

Não resolve usar a gentileza apenas na rua. É preciso ser gentil em casa.

∽

Não resolve exaltar o perdão apenas em público. É preciso perdoar na intimidade do lar.

Não resolve propagar o amor apenas no grupo religioso. É preciso amar no templo doméstico.

Não resolve anunciar a caridade apenas aos outros. É preciso ser caridoso em família.

Não resolve exibir compreensão apenas aos estranhos. É preciso compreender os parentes.

Não resolve aparentar humildade apenas em ocasiões especiais. É preciso ser humilde no dia a dia.

Não resolve mostrar bondade apenas na assistência aos necessitados. É preciso ser bom com os mais próximos.

Não resolve divulgar o bem apenas na tribuna. É preciso expurgar o mal do coração.

∽

Vivendo o Evangelho ∽ 259

Não resolve viver de aparências. A hipocrisia é clima propício à atuação de Espíritos perversos.

Não te esqueças, pois, do esforço constante na renovação íntima, porque, no que diz respeito à influência espiritual, é oportuno e verdadeiro inverter o provérbio: "Dize-me quem és e te direi com quem andas".

351 - *Defeitos morais*

Cap. XXVIII – 18

Estômago?
Não responde pelo excesso à mesa.

Fígado?
Não é causa do mau humor.

Hemorróida?
Não é pretexto para agressão.

Calo doloroso?
Não explica intolerância.

Defeito físico?
Não justifica revolta.

Sexo?
Não conduz à libertinagem.

Dor de cabeça?
Não é motivo para irritação.

Fome?
Não tem parentesco com a gula.

Indisposição cíclica?
Não é culpada de grosseria.

Língua?
Não planeja a intriga.

Punho?
Não é a razão da bofetada.

～

Maus instintos nascem do Espírito ainda imperfeito. O organismo físico é apenas instrumento de manifestação.

Atribuir, pois, ao corpo os defeitos morais é tão absurdo quanto culpar o veículo pela imprudência do motorista.

352 - *Sombra e luz*

Cap. XXVIII – 20 e 22

Você percebe contradições em sua conduta.

～

Vivendo o Evangelho ～ 261

Vive momentos de caridade, mas ainda recebe as sugestões do egoísmo.

Exercita o perdão, mas ainda se sujeita aos impulsos da vingança.

Revela misericórdia, mas ainda ouve os apelos da intolerância.

Tem rasgos de humildade, mas ainda atende aos acenos do orgulho.

Mostra calma e paciência, mas ainda não está livre dos acessos de cólera.

Demonstra resignação, mas ainda aceita o convite da revolta.

Atinge as culminâncias da fé, mas ainda volta aos abismos da descrença.

Alcança os patamares do amor incondicional, mas ainda retrocede aos degraus do ódio.

❧

Você já acende a chama do bem, embora a escuridão do mal ainda lhe frequente a intimidade, como herança dos erros acumulados em vidas anteriores.

Jesus, porém, compreende a dificuldade, fortalece o desejo sincero de renovação íntima e ampara sua caminhada em busca do clarão libertador do Evangelho.

Ao trazer sombra e luz na alma, os contatos com o mundo espiritual variam de acordo com sua escolha, porque sendo a mente transmissora e receptora de ondas vibratórias, a sintonia depende exclusivamente de você.

353 - *Orientação espiritual*

Cap. XXVIII – 24

Sofres a perseguição tenaz. A alma mergulha em densa agonia.

E pensas: denuncio?

Recebes a agressão gratuita. Os olhos desmancham-se em lágrimas.

E cogitas: respondo?

És o alvo de zombarias. As faces coram de vergonha.

E interrogas: revido?

Suportas a insinuação injusta. O coração sangra de dor.

E perguntas: silencio?

Padeces a acusação falsa. As mãos tremem de angústia.

E indagas: replico?

Vivendo o Evangelho ≈ 263

Aguentas a intolerância cruel. Os ombros vergam ao peso da aflição.

E dizes: reajo?

❧

Diante da dúvida, rogas ao Alto a solução que não pudeste obter através dos próprios recursos.

Buscas, então, a orientação espiritual que te alivie o sofrimento da dignidade ferida. Não se afaste, porém, dos ensinamentos do Evangelho.

Claro que podes procurar na Justiça humana a reparação a que tens direito. Contudo, a resposta divina às tuas incertezas será sempre a lembrança de que fora da caridade não há salvação.

354 - *Sinal trocado*

Cap. XXVIII – 26

Alegas que Deus não atende tuas preces.

❧

Pedes a riqueza,
mas a fortuna não vem.

Desejas o sossego,
mas os problemas crescem.

Anseias pela paz,
mas os conflitos persistem.

Sonhas com o passeio,
mas o trabalho aumenta.

Rogas a saúde,
mas as doenças aparecem.

Pretendes a facilidade,
mas o aperto continua.

Suplicas a vida tranquila,
mas os obstáculos surgem.

Queres vantagens,
mas a resposta é a luta.

⚬

Cultivas revolta e ressentimento, embora saibas que Deus te conhece as necessidades. A verdade, porém, é que teus anseios estão com sinal trocado.

Queres o que não precisas e o que realmente precisas, não queres.

355 - *Sinal certo*

Cap. XXVIII – 28

A Bondade Divina te oferta inúmeros benefícios sem que percebas.

⚬

Vivendo o Evangelho ⚬ 265

O ar que respiras.

O sol que te aquece.

O grão que te nutre.

A água que te refresca.

A brisa que te afaga.

A chuva que te beneficia.

A árvore que te acolhe.

A terra que te sustenta.

A planta que te cura.

A flor que te encanta.

O fruto que te alimenta.

A semente que te garante.

A ideia que te alivia.

A intuição que te ajuda.

O raciocínio que te esclarece.

O pensamento que te equilibra.

A inteligência que te privilegia.

O discernimento que te orienta.

A inspiração que te eleva.

A vida que te favorece.

Seja grato pelo benefício espontâneo com que o Senhor te abençoa o caminho, ciente de que agradecer ao Alto pelo bem que te acontece, sem que o tenhas pedido, é sinal certo de que já começas a amar a Deus.

356 - *Sua vez*

Cap. XXVIII – 30 e 42

Existem aflições atuais, cujas raízes remontam a desvios em vidas anteriores.

❧

Malformações congênitas.
Dificuldades sexuais.
Enfermidades insolúveis.
Doenças psíquicas.
Conflitos íntimos.
Deficiência mental.
Deformidades físicas.
Bloqueios emocionais.
Influências obsessivas.
Inibições.
Distúrbios de caráter.
Alterações genéticas.
Processos degenerativos.
Oscilações afetivas.
Pensamentos desencontrados.
Atitudes contraditórias.
Insegurança crônica.
Indecisões inexplicáveis.
Convivência difícil.
Transtornos familiares.

❧

Vivendo o Evangelho ❧ 267

Se carregas a cruz de provações dolorosas, lembra-te da reencarnação que, através de processos aflitivos, soluciona pendências antigas.

A Lei Divina te oferta a ocasião do recomeço, para que teus débitos de ontem se transformem hoje em oportunidades de remissão.

Deus já te perdoou, agora é a sua vez. E a aflição, suportada com fé e coragem, é a oportunidade que tens de perdoares a ti mesmo.

357 - *Perigos internos*

Cap. XXVIII – 34 e 36

A explosão da bomba é mortal. Lembre-se, a cólera é a explosão da raiva.

❧

O incêndio é destrutivo. Recorde, a revolta é o incêndio da inconformação.

A enchente desorganiza e maltrata. Observe, a ambição é a enchente do desejo.

O terremoto mata. Medite, a paixão é o terremoto do sentimento.

O furacão causa estragos. Pondere, o destempero verbal é o furacão do diálogo.

A guerra é devastadora. Veja, o egoísmo é a guerra contra a caridade.

O desatino é calamidade. Anote, o fanatismo é o desatino da fé.

O ódio é catástrofe. Preste atenção, o orgulho é o ódio à fraternidade.

⁓

Além das situações perigosas que assolam o mundo à sua volta, existem os perigos internos que ameaçam a paz de espírito.

Nos desastres coletivos, a Bondade Divina ampara e socorre, com o apoio de todos, em eficientes movimentos de solidariedade.

Contudo, no que diz respeito a suas dificuldades íntimas, faça todo o esforço possível na direção do aperfeiçoamento próprio, porque Deus quer ajudá-lo, mas nem sempre pode contar com você.

358 - *O que resolve*

Cap. XXVIII – 38

Durante o sono, a alma se liberta temporariamente do corpo físico e tem a oportunidade de conviver com outros Espíritos, em encontros que obedecem às

Vivendo o Evangelho ⁓ 269

leis da sintonia mental, não importando a maneira como te mostras no mundo.

Cabe, pois, perguntar para onde vais, quando teu corpo está dormindo.

❧

Tens o título de campeão da beneficência, mas se ainda destilas o veneno da malícia, é certo que te reunirás ao time dos maliciosos.

Apresentas-te como o paladino da caridade, mas se ainda carregas o egoísmo no coração, é certo que buscarás os egoístas.

Apregoas o perdão, mas se ainda alimentas o desejo de vingança, é certo que vais procurar o reduto dos vingativos.

Aparentas paciência, mas se ainda, na intimidade, és dado à cólera, é certo que toparás os coléricos.

Defendes a verdade, mas se ainda cultivas, em segredo, a mentira, é certo que não evitarás os mentirosos.

Exibes toda a sinceridade, mas se ainda alojas a hipocrisia nos recessos da alma, é certo que não te furtarás aos hipócritas.

És o advogado dos bons costumes, mas se ainda te entregas às fantasias de libertinagem, é certo que te juntarás aos libertinos.

Exaltas a humildade em escritos e palestras, mas se ainda não te libertaste do orgulho, é certo que estarás com os orgulhosos.

❧

Não resolve fazer de conta, na vigília, o que não és durante o sono.

O que resolve é o esforço da transformação moral, segundo os ensinamentos de Jesus, para que, renovado no bem, sejas sempre o mesmo, em qualquer circunstância, no corpo ou fora dele.

359 - *É melhor*

Cap. XXVIII – 40

Contratempos ocorrem durante a vida, mas é possível tomar a decisão certa para evitar problemas futuros.

❧

A ofensa te alcança.
É melhor que perdoes.

O erro te surpreende.
É melhor que te corrijas.

O apego te escraviza.
É melhor que te libertes.

O ciúme te cega.
É melhor que enxergues.

O sexo te envolve.
É melhor que te disciplines.

A gula te domina.
É melhor que te moderes.

A ambição te prende.
É melhor que te soltes.

O interesse pessoal te guia.
É melhor que te renoves.

O corpo te fascina.
É melhor que mudes de vida.

A alma pouco te importa.
É melhor que reconsideres.

A morte é simples transferência ao plano espiritual e, para que esta mudança aconteça sem empecilhos, é melhor que te prepares de acordo com o Evangelho de Jesus, porque egoísmo e orgulho são grilhões que te aprisionam ao corpo morto, ao passo que o amor e a caridade são as asas que te conduzem à vida eterna.

360 - *O que varia*

Cap. XXVIII – 44 e 48

O parente está feliz.
Você se incomoda.

O adversário ganha.
Você se revolta.

O vizinho se beneficia.
Você se irrita.

O colega é promovido.
Você se tortura.

O amigo possui talento.
Você se aflige.

O companheiro vence.
Você se entristece.

O conhecido progride.
Você se atormenta.

O inimigo tem prestígio.
Você não se conforma.

❧

Agradeça a Deus o que lhe toca na vida, sem invejar a felicidade dos outros, pois o bem que procede do Alto é igual para todos. O que varia é o merecimento de cada um.

361 - *Reações inimigas*

Cap. XXVIII – 46

No grupo familiar e no ambiente social, você cultiva laços de amizade que, de quando em quando, evidenciam reações inimigas.

⮾

É o irmão prestativo,
mas que não lhe poupa agressões.

É a esposa dedicada,
mas que não se furta às ironias.

É o marido responsável,
mas que abusa das cobranças.

É o filho bem comportado,
mas que se entrega a indelicadezas.

É o parente gentil,
mas que é dado a críticas.

É o companheiro leal,
mas que o surpreende com a traição.

É o confrade educado,
mas que o trata com grosseria.

É o colega simpático,
mas que lhe dificulta o trabalho.

É o chefe benevolente,
mas que lhe impede a promoção.

É o vizinho amável,
mas com fases de antipatia gratuita.

❧

São adversários de outras vidas que, em processo de reconciliação e após longo aprendizado de amor, voltam à sua convivência, revelando ainda episódicos impulsos de mágoa.

Amigos nos dias de hoje, embora tragam no coração as marcas do ódio antigo, são Espíritos que lhe despertam afeição e carinho, valendo dizer que, graças à misericórdia de Deus na reencarnação, são os inimigos de ontem que agora você já consegue amar.

362 - *Inimigos de dentro*

Cap. XXVIII – 50

Muitos inimigos do Espiritismo estão no próprio meio espírita. São os seguidores que, por motivos diversos, perturbam o movimento doutrinário.

❧

Os que são escravos do orgulho.
E afastam cooperadores eficientes.

Vivendo o Evangelho ❧ 275

Os que sucumbem ao egoísmo.
E sacrificam o interesse comum.

Os que se sujeitam à vaidade.
E atropelam o bom senso.

Os que obedecem ao personalismo.
E contestam as bases doutrinárias.

Os que mergulham na insensatez.
E são arautos de ideias estranhas.

Os que mostram intransigência.
E alimentam polêmicas estéreis.

Os que se envenenam de mágoa.
E semeiam a cizânia nas instituições.

Os que são dominados pela inveja.
E atacam companheiros idôneos.

Os que não têm escrúpulos.
E negociam o ideal espiritista.

Os que não prezam a autocrítica.
E se deleitam na exibição ridícula.

❧

Esses adeptos estão presentes no cotidiano doutrinário, frequentam a mídia e as tribunas, mas agem como adversários da Codificação Kardequiana e, embora se proclamem espíritas, são inimigos dentro do Espiritismo.

363 - *Inimigos do espiritismo*

Cap. XXVIII – 50 e 51

Infelizmente, eles existem e estão em toda parte.

❦

No lar, quando um dos cônjuges agride a crença religiosa do outro, perturbando, até à proibição, o exercício espontâneo da fé espírita.

Na família, quando parentes fustigam o familiar interessado no conhecimento espiritual mais amplo que o Espiritismo expõe.

No templo, quando líderes de outras religiões demonizam os seguidores de Allan Kardec, caracterizando-os por instrumentos do mal e da impostura.

Na academia, quando cientistas orgulhosamente contestam os princípios espíritas, remetendo-os ao território da ignorância.

Na universidade, quando doutores arrogantes desprezam as lições doutrinárias, catalogando-as como superstições.

Na via pública e no trabalho, quando o companheiro, que crê nos Espíritos, é alvo de cochichos e risos disfarçados.

Na escola, quando professor e aluno, dedicados à causa espiritista, recebem o desdém de colegas e mestres.

Na reunião social, quando o irmão comprometido

Vivendo o Evangelho ❧ 277

com a renovação interior e refratário aos excessos da ocasião, é tido por lunático.

No clube, quando médiuns e doutrinadores idôneos são temas de conversas e referências desairosas.

Na mídia, quando a Doutrina Espírita é descaracterizada por redatores desinformados ou é motivo de tiradas humorísticas por parte de comediantes desrespeitosos.

～

O Espiritismo é o Evangelho Redivivo, roteiro para a transformação moral, contrariando interesses imediatistas.

Não espere, pois, o caminho sem obstáculos, nem imagine o reconhecimento dos outros ao esforço de reforma íntima. Contente-se com a certeza do amparo constante de Jesus e se, nas atribulações da luta renovadora, você almeja a paz no coração, recorde as palavras significativas do Mestre Divino aos discípulos atentos e ansiosos:

– Minha paz vos dou, não a paz do mundo.

364 - *Religião espírita*

Cap. XXVIII – 51

Inimigos da Doutrina Espírita distorcem

afirmações de Allan Kardec e propagam que o Espiritismo não é religião. Entretanto, a Codificação Kardequiana transpira essência religiosa e revela que a Religião Espírita tem critérios que se distanciam do modelo de outras religiões.

~

Não desmerece o templo.
Valoriza mais a fé.

Não prescreve ritual.
Importa-se com a conduta.

Não canaliza privilégios.
Considera o exemplo.

Não conhece hierarquia.
Acredita na responsabilidade.

Não tiraniza o pensamento.
Exalta o livre-arbítrio.

Não adota cerimônias.
Tem por fim a caridade.

Não receita penitência.
Convida à renovação íntima.

Não crê em símbolos.
Privilegia a consciência.

Vivendo o Evangelho ~ 279

Não cultua imagens.
Interessa-se pelo próximo.

Não exige sacrifício físico.
Quer a transformação moral.

❧

Ao contrário de outras escolas religiosas, o Espiritismo não se apresenta, ele mesmo, como exclusividade de salvação, mas ressalta que se salva aquele que segue as lições de Jesus, cuja síntese está na frase esculpida por Kardec, no pórtico da Religião Espírita: "Fora da caridade não há salvação".

365 - *Espíritas indiferentes*

Cap. XXVIII – 51

Na comunidade espírita existem companheiros que, à custa de sistemática displicência, são indiferentes à causa do Espiritismo.

❧

Aceitam determinada tarefa,
mas trocam o compromisso pela festa.

Frequentam cerimônias especiais,
mas descartam a rotina da instituição.

280 ❧ *Antônio Baduy Filho / André Luiz*

Assumem o cargo administrativo,
mas faltam com a responsabilidade.

Falam de caridade com entusiasmo,
mas não comparecem à assistência.

Frequentam sempre as palestras,
mas fogem das reuniões de estudos.

Estão presentes nas assembleias,
mas somem das atividades diárias.

Comparecem às confraternizações,
mas gastam o tempo com passeios.

Opinam sobre questões doutrinárias,
mas são baldos de conhecimentos.

Escrevem longos artigos e livros,
mas se distanciam do bom senso.

Dedicam-se à mediunidade,
mas não respeitam a disciplina.

❧

São adversários amistosos do Espiritismo, pela dificuldade de sustentarem a própria convicção.

Embora se encantem com os postulados espíritas e se emocionem até às lágrimas com os textos evangélicos, esquecem a exortação categórica de Jesus:

– Seja o vosso falar sim, sim e não, não.

Vivendo o Evangelho ❧ 281

366 - *Renascimento*

Cap. XXVIII – 53

Veja como você trata seu filho, quando ele lhe pede atenção.

❧

É pequeno. Dá birra. Precisa de carinho.
Mas você não afaga. Castiga.

É frágil. Tem medo. Precisa de apoio.
Mas você não protege. Repreende.

É curioso. Quer saber. Precisa de diálogo.
Mas você não conversa. Ironiza.

É distraído. Vive nas nuvens. Precisa de estímulo.
Mas você não compreende. Censura.

É negligente. Foge do dever. Precisa de disciplina.
Mas você não ajuda. Agride.

É rebelde. Maltrata a família. Precisa de educação.
Mas você não ensina. Ameaça.

É arrogante. Desfaz dos outros. Precisa de corrigenda.
Mas você não corrige. Aplaude.

É jovem. Tem conflitos. Precisa de conselhos.
Mas você não orienta. Discute.

É inteligente. Faz perguntas. Precisa de respostas. Mas você não se interessa. Sai.

É seu filho. Busca segurança. Precisa de presença. Mas você não entende. Dá presente.

∾

O renascimento implica em compromisso de quem renasce e a responsabilidade de quem acolhe o renascido.

Busque, pois, nas lições de Jesus o roteiro de seus passos, para não dar pedra ao filho, quando ele pede pão.

367 - *Ano velho*

Cap. XXVIII – 57

À semelhança dos últimos momentos no corpo agonizante, quando desfilam na tela mental as recordações de toda a vida, os derradeiros dias do ano que acaba constituem ocasião propícia para que analises tuas aquisições no campo da evolução espiritual.

O resultado nem sempre é favorável, pois as imperfeições ainda prevalecem, mas importa saber quanto esforço dedicaste à renovação íntima.

∾

O orgulho ainda te seduz.
Entretanto, conseguiste ser humilde mais vezes?

O egoísmo ainda te domina.
Contudo, exercitaste a caridade com mais frequência?

A inveja ainda te acompanha.
No entanto, aceitaste mais o sucesso alheio?

A mágoa ainda te persegue.
Todavia, perdoaste com mais facilidade?

A intolerância ainda te consome.
Entretanto, seguiste a indulgência mais de perto?

A discórdia ainda te desequilibra.
Contudo, semeaste a paz com mais constância?

A cólera ainda te perturba.
No entanto, pudeste manter a calma por mais tempo?

O ódio ainda te subjuga.
Todavia, acumulaste um pouco mais de amor?

O balancete anual da conduta perante as leis divinas tem a dimensão do exame de consciência, para que avalies a sinceridade de teu propósito renovador.

O Ano Novo é a promessa de mais avanços no território da alma, mas o Ano Velho é o registro indelével daquilo que realmente fizeste em termos de progresso espiritual.

Valoriza, pois, as horas, enquanto permaneces atado aos compromissos da reencarnação, realizando o trabalho digno e aprimorando as qualidades interiores, na certeza de que tem imenso proveito qualquer iniciativa de trilhar o caminho do bem.

A mudança de ano na Terra significa o passar do tempo, não depende de ti, requer simplesmente a troca da folhinha.

Entretanto, a passagem para o mundo espiritual, serena ou atribulada, tem tudo a ver contigo, porque o calendário da evolução é permanente e te acompanha na jornada eterna, revelando, ao final de cada experiência no corpo físico, se cumpriste corretamente os desígnios de Deus ou se apenas brincaste de viver.

368 - *É sentimento*

Cap. XXVIII – 59 e 69

Ore com sentimento pelos que partem do corpo físico.

❧

Pais?
Com gratidão.

Cônjuge?
Com amor.

Vivendo o Evangelho ❧ 285

Irmão?
Com afeto.

Filho?
Com resignação.

Parente?
Com saudade.

Amigo?
Com emoção.

Companheiro?
Com paz.

Desconhecido?
Com fé.

Desafeto?
Com perdão.

Criminoso?
Com piedade.

Prece não é discurso, é sentimento.

Tenha o cuidado de não fazer da oração peça de retórica, pois quem se perde no jogo das palavras afasta-se do coração e não ora a Deus, mas agrada a si mesmo.

369 - *Confia*

Cap. XXVIII – 62

Guardas o coração amargurado pela separação daqueles a quem entregaste os sentimentos mais puros.

∽

Ergueste o castelo de sonhos e esperança no lar impregnado de amor, que cultivaste com zelo e dedicação ao lado do parceiro transbordante de ternura.

Entretanto, quando o intruso enlutou tua casa, no meio da noite, amortalhando de sombra teu recanto iluminado, te debruçaste sobre o corpo inerte do companheiro mais querido, cobrindo-o de soluços e dor.

Apertaste contra o peito, inflado de orgulho e entusiasmo, as faces rosadas do rapaz cheio de vida, que geraste no ventre e acompanhaste desde os primeiros passos até à juventude estuante de alegria.

Contudo, quando o acidente inevitável aconteceu, apunhalando-te o coração de surpresa, inundaste de lágrimas o rosto impassível do filho mais amado, enrijecido pelo gelo da morte.

Alimentaste teus ideais nobres com a presença marcante e fraterna do mestre, de quem ouviste as preleções recheadas de sabedoria e bondade.

Vivendo o Evangelho ∽ 287

No entanto, quando o mal súbito emudeceu a voz sábia e benevolente, cerraste as pálpebras frias do amigo mais caro com as mãos trêmulas de sofrimento e inconformação.

Enriqueceste as horas na convivência do parente humilde e dotado de riqueza interior, com quem aprendeste as lições autênticas de solidariedade e desprendimento.

Todavia, quando a doença insidiosa exauriu dele o último suspiro, fizeste a derradeira despedida ao familiar mais estimado com a alma trespassada de angústia.

∽

Ainda agora, percorres teu caminho de ombros vergados ao peso do sofrimento. A dor te dilacera. A lembrança te maltrata. A saudade te corrói.

Entretanto, não imagines que tuas afeições mais caras desapareceram para sempre, nem permitas que a revolta e a descrença te afastem daqueles a quem dedicaste todo o amor. Nessas horas difíceis, em que teus olhos procuram em vão a presença física dos entes amados que a morte do corpo te arrebatou do convívio, a Doutrina Espírita te convida a refletir que o nascer e o morrer são apenas passagens, pelas quais a alma imortal transita, na busca incessante da perfeição. A vida é patrimônio divino que precede o cortinado do berço e continua além da pedra do túmulo.

Confia, pois, na bondade de Deus e sossega

teu coração na certeza da vida espiritual. E quando tiveres de enfrentar o momento angustiante da separação, entrega-te a Jesus e o Doce Carpinteiro que, um dia, também chorou a morte do amigo mais querido, te tomará pelas mãos e te dirá com toda a ternura:

– Não sofras. Eu sou a Ressurreição e a Vida.

370 - *Quem são*

Cap. XXVIII – 64 e 73

Os Espíritos sofredores que reclamam o carinho de tuas preces são aqueles que ontem, presos aos liames da carne, vaguearam despreocupadamente pelo mar dos enganos e hoje, desligados do corpo físico, encontram o porto da realidade íntima.

❧

Acumularam fortuna,
mas se trancaram na avareza.

Exibiram talentos,
mas se perderam na vaidade.

Dominaram as ciências,
mas se consumiram no orgulho.

Vivendo o Evangelho ❧ 289

Alcançaram o poder,
mas esqueceram o bem comum.

Constituíram família,
mas viveram na leviandade.

Conduziram multidões,
mas incitaram à violência.

Influenciaram a Humanidade,
mas disseminaram o materialismo.

Comentaram acontecimentos,
mas urdiram a intriga.

Defenderam os bons costumes,
mas se renderam à hipocrisia.

Receberam amor,
mas devolveram o ódio.

❦

Responderam ao apelo da caridade com o egoísmo doentio, semeando a infelicidade que agora colhem no além-túmulo.

Lembra-te desses irmãos infelizes em tuas orações, pedindo a Deus lhes dê coragem para superarem as consequências dos erros cometidos e, ao mesmo tempo, roga ao Senhor te fortaleça o entendimento e a perseverança no bem, a fim de que não esqueças as lições do Evangelho e não sejas também vítima das próprias ilusões.

371 - *Inimigo gratuito*

Cap. XXVIII – 67

Acontece. E nem sempre você sabe o porquê.

❧

Conhece o vizinho.
Quer convivência.
E ele se aborrece.

Gosta do irmão.
Deseja amizade.
E ele se magoa.

Segue o companheiro.
Aprecia o trabalho.
E ele não se conforma.

Considera o parente.
Cultiva respeito.
E ele vira o rosto.

Ampara o colega.
Dá todo o apoio.
E ele fica com raiva.

Admira o amigo.
Dedica afeição.
E ele muda de atitude.

Vivendo o Evangelho ❧ 291

Ajuda o familiar.
Indica o caminho.
E ele se revolta.

Atende o cliente.
Faz o que pode.
E ele se irrita.

❧

Desafetos, sem que você dê o motivo, surgem na experiência física e prosseguem na dimensão espiritual.

Diante deles, em qualquer circunstância, a conduta correta será sempre o esquecimento da ofensa e a disposição para perdoar, porque, do contrário, agindo com represália, você estará justificando, sem necessidade e a um alto custo, o inimigo que, até então, era gratuito.

372 - *Suicídio*

Cap. XXVIII – 71

Não cultives a ideia da morte do corpo, quando a provação te visitar com dor e sofrimento, pois dentro de ti cada célula física é a própria exaltação da vida.

❧

Provocaste a turbulência no relacionamento afetivo, que pensas sem solução e, por isso, envenenas tuas horas com desânimo e pessimismo.

Entretanto, ainda que transformes a intimidade em fonte de amargura, teu coração pulsa incessantemente, para que mantenhas vivo o corpo e não te ausentes dos compromissos.

Feriste o ninho familiar com atitudes errôneas, que imaginas irreversíveis e, por isso, sofres o constrangimento da vergonha e do remorso.

Contudo, ainda que tornes irrespirável a atmosfera que te cerca, teus pulmões trabalham continuamente, para que não te falte o oxigênio vital e prossigas na jornada, reparando enganos e contradições.

Passaste a experiência da derrota, que presumes sem volta e, por isso, não suportas o fardo do fracasso e mergulhas em todo tipo de destempero, minando a saúde preciosa.

No entanto, ainda que te intoxiques de abusos, teus rins funcionam com presteza, para manter o equilíbrio orgânico, favorecendo-te com novas oportunidades de sucesso no trabalho.

Cometeste o erro, que supões imperdoável e, por isso, te condenas à morte, através de sentença intolerante e inapelável.

Todavia, ainda que cultives ideias enfermiças, teu cérebro recebe os influxos do Alto, para que pos-

Vivendo o Evangelho 293

sas refletir com clareza nas soluções necessárias à harmonia de tua existência.

⁓

Não descreias da vida, alimentando a ideia de suicídio, quando a dificuldade maior te bater à porta. É provável que, em alguns momentos, te sintas afastado do caminho que almejas, descrente das verdades pelas quais anseias, desiludido de viver.

Nessas horas, não te deixes envolver pelo desespero, mas entrega-te a Jesus e, no recanto mais profundo da alma, ouvirás o Mestre Inesquecível, falando-te com doçura:

– Vem comigo. Eu sou o Caminho, a Verdade e a Vida.

373 - *Dê um jeito*

Cap. XXVIII – 75

Faça o possível para melhorar o Espírito endurecido que ainda sobrevive em você.

⁓

Mentira?
Adote a verdade.

294 ⁓ *Antônio Baduy Filho / André Luiz*

Ódio?
Neutralize com o amor.

Orgulho?
Experimente a humildade.

Prepotência?
Tente a convivência fraterna.

Vingança?
Dê oportunidade ao perdão.

Violência?
Proteja-se com a brandura.

Esperteza?
Procure o caminho reto.

Vaidade?
Reaja com a modéstia.

Hipocrisia?
Seja sincero.

❧

Ore pelos Espíritos perversos que ainda estagiam nos sentimentos inferiores, mas não deixe de observar também suas próprias tendências infelizes e, apoiado nas lições do Evangelho, dê logo um jeito em você.

Vivendo o Evangelho

374 - *Seu problema*

Cap. XXVIII – 77

Garanta a própria saúde, buscando nas lições do Evangelho o recurso para neutralizar a ação nociva dos sentimentos inferiores.

❧

Violência que machuca?
É a brandura.

Preguiça que imobiliza?
É o trabalho.

Desespero que inflama?
É a fé.

Vaidade que exalta?
É a modéstia.

Inveja que corrói?
É a fraternidade.

Mágoa que intoxica?
É o perdão.

Prepotência que incha?
É a humildade.

Cólera que destempera?
É o controle.

Egoísmo que infecciona?
É o desprendimento.

Vingança que enlouquece?
É o esquecimento da ofensa.

∽

Sentimentos inferiores perturbam a evolução do Espírito e desorganizam as funções do corpo físico.

A doença é sempre consequência da inferioridade do mundo e da imperfeição própria, razão pela qual é justo que se exalte a pesquisa científica e o saneamento básico, mas se valorize também o esforço da transformação moral.

A pneumonia é assunto para o médico, mas as paixões são problema seu.

375 - *Obsessões íntimas*

Cap. XXVIII – 81

Observa a própria intimidade. Ainda que tua atitude externa não mude, percebes que pensamentos estranhos te invadem o mundo mental.

∽

Vivendo o Evangelho ∽ 297

Dedicas-te às tarefas do bem, mas se manifesta a ideia da deserção.

Tens responsabilidade no trabalho, mas aparece o desejo leviano.

Cultivas a sobriedade na vida, mas ocorre a sugestão ao excesso.

Conservas o respeito no trato social, mas nasce o alvitre para a baderna.

Manténs a cordialidade em família, mas irrompe o impulso ao desastre.

Convives bem com os companheiros, mas desponta o convite à mágoa.

Guardas a harmonia com o cônjuge, mas emerge a antipatia gratuita.

Anseias pela conquista da caridade, mas impõe-se o estímulo ao egoísmo.

$\backsim$

As sugestões do mal assediam a mente saudável, da mesma forma que as moscas rondam o alimento sadio.

Contudo, está claro que essas obsessões íntimas ocorrem, porque deixaste as janelas da alma sem a tela protetora da transformação moral.

376 - *Obsessões consentidas*

Cap. XXVIII – 81

Propõe-se o desvio.
Erra quem consente.

Sugere-se a deslealdade.
Trai quem está disposto.

Convida-se à represália.
Vinga-se quem aceita.

Alvitra-se o ressentimento.
Odeia quem tem a intenção.

Insinua-se a inverdade.
Mente quem concorda.

Aventa-se o boato.
Calunia quem admite.

Indica-se o descaminho.
Engana-se quem deseja.

Inspira-se o delito.
Corrompe-se quem quer.

❦

Renova-te, segundo os critérios do Evangelho, a
fim de que o bem te proteja das sugestões inferiores,

Vivendo o Evangelho ❧ 299

na certeza de que a influência somente tem sucesso, quando o influenciado está de acordo.

Parafuso e porca só dão aperto, quando as roscas combinam.

377 - *Prisão mental*

Cap. XXVIII – 81

A obsessão, relação atribulada entre a esfera invisível e o mundo visível, é muito parecida com certas situações da vida diária. Você mesmo experimenta a dificuldade.

❧

Anda pela mata, desconhece os avisos e perde-se entre as feras.

A solução é o salvamento.

Percorre a estrada, desmerece a sinalização e provoca o acidente.

A solução é o socorro.

Caminha pelas ruas, ignora as regras de trânsito e sofre o atropelamento.

A solução é a ajuda.

Vai ao local perigoso, ironiza os conselhos de prudência e é ameaçado com risco.

A solução é o auxílio.

Está no meio da multidão, desrespeita o direito dos outros e acaba gerando o conflito.

A solução é a corrigenda.

∽

A subjugação e a fascinação são estágios avançados do processo obsessivo, com anulação do bom senso e da vontade própria, porque houve, desde o início, sintonia com a influência negativa e desatenção aos princípios do bem.

A solução é a prece e o esclarecimento, para que se alcance a libertação mental, pois o obsidiado, em última análise, é prisioneiro da própria ilusão.

378 - *Obsessão silenciosa*

Cap. XXVIII – 81

Nem sempre a obsessão é visível e só você toma conhecimento dela no silêncio da intimidade.

∽

É o desejo inferior.
E você resiste.

É a ideia inquietante.
E você não aceita.

Vivendo o Evangelho ∽ 301

É a sugestão à calúnia.
E você contesta.

É o alvitre inconveniente.
E você não atende.

É o chamamento ao erro.
E você recusa.

É o apelo à deslealdade.
E você não concorda.

É a insinuação ao desânimo.
E você reage.

É o convite ao ressentimento.
E você não admite.

É o impulso negativo.
E você rejeita.

É o pensamento incômodo.
E você não aprova.

❧

O transmissor da onda obsessiva só atinge o alvo, quando o receptor está em sintonia. Caso contrário, a fluência não se realiza.

É o que acontece, em alguma ocasião da vida diária, quando alguém insiste em levá-lo à situação indesejável. Você ouve, mas não vai.